秦汉卷 上

群星闪耀

石岗 著

COLLECTION OF STORIES OF CELEBRITIES IN CHINESE HISTORY

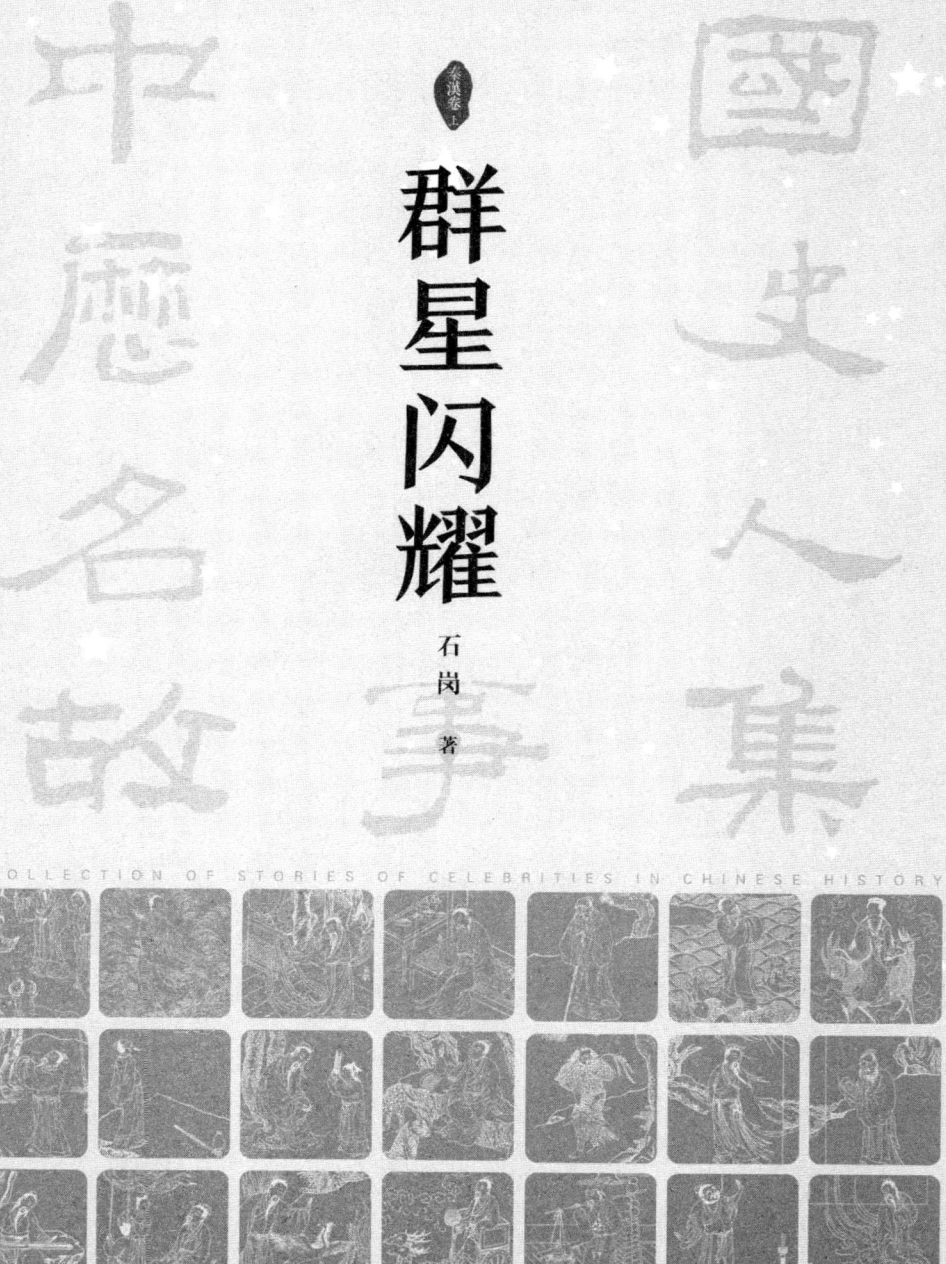

团结出版社

前　言

这一册书是《群星闪耀——中国历史名人故事集》的秦汉部分，我们会分为两册，讲的是中国历史上秦汉时期的名人故事。

秦汉时期是秦、汉两个朝代的合称。

公元前221年，秦灭六国，首次完成了真正意义上的中国统一，秦王赵政把国家的最高统治者称为"皇帝"，自称秦始皇，建立起秦朝。

秦始皇废除封建制，建立郡县制度，就是改变周朝实行的分封诸侯制度，而把全国分为36个郡，72个县，由中央直接委派官员管理，开始实行了全面的统一。

但是，由于缺乏经验，秦朝经过短短的十多年，就在陈胜所领导的农民起义打击下,风雨飘摇。后来,又经过楚国贵族项羽和楚地小官僚刘邦领导的军队打击下,彻底灭亡了。

秦朝灭亡后,项羽和刘邦又开始了争夺天下的战争,历史上称为"楚汉战争"。最终,刘邦在张良、韩信等人的帮助下,取得了胜利,建立了汉朝。

汉朝基本延续秦朝的制度,史称"汉承秦制"。

汉朝的历史,又分为西汉和东汉两个时期。

西汉首都长安,从公元前202年到公元前8年12月,共有210年历史。

西汉时期,国家逐渐从秦末战乱中恢复过来,到汉武帝时代,国力已经非常强大。于是,西汉开始了面向北方强敌匈奴的反击战争。在这场战争中,出现了雄才大略的汉武帝刘彻;战无不胜的将领卫青和霍去病;英勇抗敌的著名将领李广;宁死不屈保持民族气节的外交家苏武;开创丝绸之路的张骞。西汉时期,还出现了伟大的史学家司马迁。

西汉后期,朝政腐败,外戚和宦官轮流把持朝政,国家政治昏暗。后来，外戚王莽篡夺皇位，登基称帝，建立"新"朝，激起各地强烈反抗，再加上外族入侵，天灾不断，终于爆发了大规模的农民暴动。最后，农民军冲入国都长安，杀死王莽，推翻了王莽建立的"新"朝。

在这场战争中涌现出了具有杰出政治和军事才华的刘秀。刘秀经过几年战争，终于消灭王莽军队和各地分裂势力，统一全国，恢复了汉朝国号，国家重新安定统一了。历史上把刘秀恢复起来的汉朝，称为东汉。

东汉国都洛阳，从公元25年到公元220年，共有195年历史。

东汉时代，汉朝继续加强对匈奴的战争和对西域的外交。这时候，出现了著名的将领和外交家班超。

东汉中后期，又出现了外戚干政、宦官专权的局面。朝政日益腐败，而豪强势力大肆兼并土地。公元184年爆发了"黄巾之乱"，朝廷令各州郡自行募兵，将民变基本平定，却导致地方豪强拥兵自重。公元190年，董卓之乱又起，自此汉廷大权旁落，揭开了东汉末年军阀混战的序幕。董卓被杀死后，公元196年，曹操迎汉献帝迁都许昌。

公元220年，曹丕篡汉，东汉灭亡，进入三国割据时期。

东汉在文化、科技、军事等方面都有显著成就，医学上张仲景编著了医学巨著《伤寒杂病论》；文化上郑玄将经学推向高峰并开创郑学；科技上蔡伦改进造纸术，张衡发明地动仪和浑天仪；军事上迫使北匈奴西迁；佛教在此期间经白马寺传入中国。东汉时期豪强地主势力扩张并形成门阀士族，匈奴、羌族、氐族等民族内迁，北匈奴西迁后，鲜卑人占据漠北，对后世产生深远影响。

本册书将讲述赵政、陈胜、项羽、刘邦、张良、韩信、刘彻、卫青、霍去病、张骞、李广、苏武、司马迁、王莽、刘秀、班超、张仲景等人的故事，由于篇幅较长，我们分成了上下册。

石 岗
2016年1月于西安含光书屋

目 录

秦始皇

一、奇货可居　　　1

二、统一六国　　　5

三、开创帝制　　　7

四、焚书坑儒　　　8

五、病死沙丘　　　9

六、千古一帝　　　12

陈　胜

一、燕雀安知鸿鹄之志　　　13

二、篝火狐鸣　　　　　　14

三、揭竿而起　　　　　　16

四、自称为王　　　　　　18

五、进攻关中　　　　　　19

六、失败身死　　　　　　21

项羽

一、力能扛鼎　　　　　　23

二、起兵造反　　　　　　25

三、骄兵必败　　　　　　26

四、诛杀宋义　　　　　　28

五、破釜沉舟　　　　　　31

六、坑杀秦卒　　　　　　32

七、鸿门宴　　　　　　　33

八、火烧秦宫　　　　　　40

九、分封诸王　　　　　　41

十、楚汉战争　　　　　　43

十一、楚河汉界　　　　　44

十二、四面楚歌　　　　　44

十三、功过参半　　　　　50

刘 邦

一、出身农民	51
二、醉斩白蛇	53
三、沛县起兵	55
四、加入楚军	56
五、沛公西进	57
六、高阳酒徒	58
七、入关灭秦	60
八、约法三章	61
九、鸿门之宴	61
十、入主汉王	63
十一、明修栈道，暗渡陈仓	64
十二、汉军东出	64
十三、建立汉朝	66
十四、千古英雄	67

张 良

一、博浪沙刺客	68
二、圯上受书	70
三、结交刘邦	74

四、助韩复国 75

五、计定宛城 76

六、巧取峣关 78

七、约法三章 80

八、斗智鸿门 81

九、烧毁栈道 86

十、计收关中 87

十一、下邑奇谋 88

十二、画箸阻封 90

十三、虚抚韩彭 92

十四、乘胜追击 93

十五、运筹帷幄,决胜千里 94

十六、劝都长安 95

十七、策保太子 96

十八、历代推崇 98

韩信

一、胯下之辱 99

二、背楚入汉 102

三、萧何月下追韩信 103

四、筑坛拜将　　　　　　106

五、明修栈道，暗度陈仓　　109

六、计定魏地　　　　　　110

七、背水一战　　　　　　111

八、潍河之战　　　　　　115

九、被封齐王　　　　　　116

十、四面楚歌　　　　　　117

十一、回馈故人　　　　　118

十二、谋反被杀　　　　　119

十三、一代名将　　　　　120

汉武帝刘彻

一、秦皇汉武　　　　　　122

二、金屋藏娇　　　　　　123

三、加强皇权　　　　　　126

四、独尊儒术　　　　　　127

五、征伐四方　　　　　　129

六、收服西域　　　　　　130

七、巫蛊之变　　　　　　130

八、轮台罪己诏　　　　　131

九、托孤霍光　　　　　132

匈奴与卫青、霍去病

一、匈奴崛起　　　　　134

二、鸣镝弑父　　　　　136

三、白登之围　　　　　138

四、从奴隶到将军　　　140

五、夺回河套　　　　　143

六、击垮右贤王　　　　144

七、少年将军　　　　　145

八、封狼居胥　　　　　147

九、匈奴不灭，何以为家　150

秦始皇

一、奇货可居

孩子们，今天，我们讲的是一位对中国历史影响巨大的人物，他消灭了别的诸侯国，统一了中国，是中国历史上第一位皇帝，称为秦始皇。

秦始皇，嬴姓，赵氏，名叫政。

赵政的父亲名叫异人，后来改名子楚，是秦国太子赵柱的儿子。

赵柱有二十多个儿子，因为赵异人的母亲夏姬不受宠爱，就把赵异人送到赵国做人质。

在古代，两个国家之间，为了保证互相不违背承诺，就把王子或者重要的人，扣押在别的国家做人质，一旦一方违背承诺，就会以杀害人质相威胁。赵异人被扣押在赵国，因为秦赵两国经常交战，所以，赵异人随时都有被赵国杀死的危险，而且，赵国对赵异人的待遇也很差，赵异人生活在担惊受怕和贫困之中。

吕不韦，
选自（明）陈洪绶版画《博古叶子》

有一次，卫国大商人吕不韦到赵国国都邯郸去做生意，见到了赵异人。吕不韦见赵异人虽然生活窘迫，却是秦国的公子，他就认为赵异人是自己可以用来换取权利和财富的工具。吕不韦说："奇货可居"。他的意思是说赵异人是一个奇特的货物，可以存积起来，换取财富。

于是，吕不韦就去拜访赵异人。

吕不韦对赵异人说："我能让你重新获得富贵，光大你的门庭。"

赵异人见吕不韦是一个商人，那时候，商人社会地位不高，他就不太相信吕不韦的话。赵异人苦笑着说："你先光大自己的门庭，然后再来光大我的门庭吧！"

吕不韦说："我的门庭要等你的门庭光大了，才能光大。"

赵异人觉得吕不韦话中有话，就邀请吕不韦进屋细谈。

吕不韦说："让我先给你分析一下你的处境吧！现在秦王已经老了，你父亲被立为太子。但是，你的兄弟有二十多人，而你又排行中间，因此不受秦王重视，长期被留在赵国做人质。即使秦王去世，你父亲继承王位，也轮不到你继承太子之位。"

赵异人问："那我该怎么办呢？"

吕不韦说:"我听说你父亲非常宠爱华阳夫人,但是,华阳夫人没有儿子。我虽然不富有,但是,我愿意拿出我的全部金银财宝,去秦国收买你父亲和华阳夫人,劝说他们立你为继承人。"

赵异人听了非常感动,他就对着吕不韦叩头拜谢说:"如果你能帮我回到秦国,当上国君,我愿意分秦国的土地与你一起共享。"

于是,吕不韦来到秦国,他给华阳夫人献上珍宝,并且说赵异人聪明贤能,对华阳夫人非常热爱,他知道华阳夫人是楚国人,就把自己的名字改为子楚。华阳夫人听了非常高兴,就劝说赵柱立赵异人为继承人。

赵柱答应了。

吕不韦还把自己身边一个叫做赵姬的美女送给赵异人,后来,赵姬生下一个儿子,取名赵政,就是后来的秦始皇。

过了几年,秦昭王赵则去世,太子赵柱继位,立华阳夫人为王后,赵异人立为太子。赵国也护送赵姬和赵政回到秦国。

秦教王赵柱继位一年后突发疾病去世了，赵异人继位，任命吕不韦为丞相，立赵政为太子。赵柱即位三年之后死去，太子赵政继承了秦王之位。

二、统一六国

赵政13岁继承王位，秦国大权都把持在丞相吕不韦手中。赵政21岁的时候，通过政变，铲除了企图政变的嫪（lào）毐（ǎi）势力，流放了吕不韦，开始独自执掌大权。他定下消灭各个诸侯国，统一天下的目标。

赵政在尉（yù）缭（liáo）和李斯等人的支持下，开始不断进攻别的国家，加快了统一中国的步伐。

公元前230年，秦王赵政派军进攻韩国，俘虏了韩废王韩安，标志着秦国统一中国，消灭各诸侯国的战争打响了。

公元前226年，韩国都城发生叛乱，秦国出兵平定叛乱，乘机杀死了韩安。韩国灭亡了。

公元前229年，秦国大将王翦进攻赵国，攻克赵国国都邯郸，俘虏了赵王赵迁。赵国公子赵嘉逃到赵国的代郡，自立为代王。

公元前227年，王翦带兵进攻燕国。燕国联合代国进行抵抗，被秦军打败。第二年，秦军攻下燕国国都蓟（jì）城。燕王燕喜逃到辽东。公元前222年，秦国大将王贲

秦始皇帝，
选自（明）王圻《三才图会》

（bēn）进攻辽东，俘虏了燕喜，灭亡了燕国。接着又回师进攻代国，俘虏了代王赵嘉，赵国及其后代建立的代国，彻底灭亡了。

公元前225年，王贲带兵进攻魏国，包围了魏国国都大梁，引黄河水灌进大梁城，三个月后，城墙被黄河水泡塌，魏王魏假投降，魏国灭亡。

同时，秦王赵政派王翦带60万大军出征，进攻楚国，秦军攻入楚国国都寿春，俘虏了楚王熊负刍（chú），平定了楚国。

公元前221年，秦国大将王贲从燕国南下进攻齐国，俘虏了齐王田建，消灭了齐国。

从公元前230年开始，秦国用了十年时间，到公元前２２１年，秦国彻底消灭了各个诸侯国，从而实现了中国的统一。中国也从天下动乱、战争不断的战国时代，进入天下统一的秦朝。

三、开创帝制

秦王赵政消灭各国后，把原来各诸侯国的土地，分成36个郡72个县，派官员统一进行管理。他自己也不再称为秦王，而自称皇帝，从此，中国进入帝制时代。赵政是秦朝第一个皇帝，称为秦始皇。

为了加强对国家的统一管理，秦始皇下令，废除了过去各诸侯国的货币，统一使用秦国的货币。

废除各国的度量衡,统一度量衡。度量衡就是在日常生活中用来计算物体体积大小、轻重的单位标准。

秦始皇还下令,统一文字。废除了过去各国使用的文字,统一使用秦国的小篆文字。

为了防御北方匈奴的进攻,秦始皇下令修筑长城,把原来燕国、赵国和秦国修筑的长城,连接起来,修筑起一条西起临洮,东至辽东的万里长城。同时还修建了纵横全国的公路网,称为"驰道"和"直道"。

四、焚书坑儒

秦国统一后,过去诸子百家的学者都集中在秦国国都咸阳。于是,各种思想都发展起来,一时,秦国思想混乱。许多学者反对秦始皇实行的郡县制,主张重新实行春秋战国时代的分封制,还有许多人鼓励秦始皇寻仙访道,寻求长生不老之术。

面对思想混乱的局面,丞相李斯建议,把除了秦国史书和医学、算卦、农牧业之外的所有书籍,全部烧毁,同时，把传播各家思想和神仙方术的术士，全部诛杀。

于是，秦始皇下令，收缴全国各地的书籍，统一焚烧，并下令把儒生方士四百六十多人，在咸阳活埋。这就是历史上有名的"焚书坑儒"事件。

秦始皇焚书坑儒，佚名绘

五、病死沙丘

秦始皇为了加强对全国的控制，曾多次在全国各地巡视。他在第五次东巡途中，在沙丘宫病死。

秦始皇死后，中车府令赵高，说服丞相李斯，篡改秦始皇的遗诏，想立秦始皇的小儿子胡亥继承皇位，还以秦

秦始皇病死沙丘，选自元刻本《秦并六国平话》

始皇的名义逼他的长子扶苏和大将蒙恬自杀。

扶苏自杀后，赵高、李斯等人，才带着装载着秦始皇尸体的车队赶回咸阳，由于天气炎热，秦始皇的尸体已经腐烂发臭。赵高就命令手下人买了许多鲍鱼装在车上，鲍鱼的味道掩盖了尸体的腐臭味，迷惑了大家。回到咸阳后，胡亥继位，称为秦二世，赵高任郎中令，李斯依然做丞相,但是朝廷的大权实际上落到了赵高手中。

赵高阴谋得逞以后,开始对身边的人下毒手。他布下陷阱,把李斯逐步逼上死路,李斯发觉赵高的阴谋后,就上书告发赵高。秦二世胡亥不仅偏袒赵高,并且将李斯治罪,最后将李斯腰斩于咸阳。从此,秦国开始进入胡亥和赵高统治时期,他们疯狂杀害秦始皇的子女,并且野蛮对待百姓,不久,各地人民和原来失败了的各国贵族,开始起兵造反,秦朝也很快灭亡了。

指鹿为马,(清)周慕桥绘

六、千古一帝

秦始皇赵政是对中国历史发展有巨大贡献的杰出人物,物同时也是一个残酷的暴君。

他建立了中国历史上第一个统一的多民族国家。采取一系列措施,维护国家的统一。如实行皇帝制、郡县制,实行统一货币、统一度量衡、统一文字,这些都对中华民族的统一和发展,做出了伟大的贡献。他下令修筑长城,为我们留下了著名的人类建筑史上的奇迹。

但是,他下令焚书坑儒,毁灭文化,实行严酷的刑法。在他统治下,人民徭役繁多,赋税沉重。所以,他一直是历史上一位有争议的人物。

陈　胜

一、燕雀安知鸿鹄之志

陈胜，字涉，楚国阳城人。

陈胜是穷苦人家的孩子，出身贫寒，他年轻的时候，因为家里很穷，只能给别人当雇工，帮别人家种地。

有一天，陈胜和一伙人一起耕地，耕作到田头休息的时候，他对大家说："如果我们将来富贵了，大家可不要互相忘记了一起耕地的穷苦兄弟们"。

大家听了他的话，都觉得好笑，就说："我们连自己的土地都没有，给别人耕田，哪里来的富贵？"

陈胜听完感慨地说："燕雀安知鸿鹄（hóng hú）之

志?"

他的意思是说,小麻雀怎能知道天鹅的志向呢?

二、篝火狐鸣

公元前209年七月,秦二世胡亥征调大批农民到渔阳(今北京市西南)去驻守,陈胜也被征召入伍,并被任命为带队的屯(tún)长,和其他九百多名穷苦农民一起,在两名秦朝官吏押送下,日夜兼程,赶往渔阳。

当他们走到大泽乡的时候,天上下起了大雨,道路被洪水冲断,无法通行。他们只能在原地等待。按照当时秦朝法律的规定,如果前往边防驻守的人,没有按时到达,就会被斩首。

大家眼看无法按时到达渔阳,急得像热锅上的蚂蚁,不知如何是好。在生死存亡的危急关头,陈胜毅然决定谋划起义。

陈胜悄悄找来另一位屯长吴广商议。

陈胜对吴广说:"这儿离渔阳还有上千里路程,怎么赶也不能按时抵达渔阳了,我们现在的处境,去也是送死,逃跑被抓回来也会被杀死。"

吴广问:"那我们该怎么办呢?"

陈胜说:"反正都是死,与其这样白白地死了,还不如起来造反,干一番大事业,说不定还有活路。"

吴广说:"你说的很对,我们该怎样造反呢?"

陈胜说:"很久以来,天下人被秦朝害得很苦,只要我们造反,百姓必然响应。"

吴广说:"我们是普通百姓,谁会听从我们的号令,跟随我们一起造反呢?"

陈胜说:"我听说秦二世胡亥是秦始皇的小儿子,本来不应该由他继承皇位,应该继位的是秦始皇的长子扶苏。据说扶苏很聪慧贤明,却被胡亥杀害了。老百姓却不知道扶苏已经死了。还有一个人叫项燕,是楚国的名将,战功卓著,又爱护士兵,很受人爱戴。老百姓也不知道项燕已经死了。我们就以扶苏和项燕的名义,号召天下人起来造反,反抗秦二世胡亥的暴政。"

吴广听了,对陈胜非常佩服,就决定跟随陈胜一起造反。

那时候，人们都很迷信，相信鬼神的力量，陈胜和吴广决定利用人们迷信的心里，来团结大家一起起义。

陈胜和吴广用朱砂在一块绸子上写上"陈胜王（wàng）"三个字，塞到渔民捕来的鱼肚子里。士兵买鱼回来吃，发现了鱼肚子里有写着"陈胜王"的绸子，认为这是上天送来的"丹书"，都觉得很惊奇。

晚上，陈胜又让吴广潜伏到营地附近的一座荒庙里，半夜里在寺庙旁点燃篝（gōu）火，装作鬼火，还模仿狐狸的声音，大叫"大楚兴，陈胜王（wàng）"！正在睡梦中的士兵们都被惊醒了，感到十分惊恐害怕。

第二天，士兵们交头接耳，都指指点点地看着陈胜，都对陈胜感到敬畏。有人悄悄说："陈胜其实是公子扶苏逃到这里，吴广是楚国大将项燕。"

三、揭竿而起

一天，押送陈胜和九百名士兵的两名秦朝军官喝醉酒了,吴广故意大喊着要逃跑,秦朝军官大怒,就用鞭子抽打吴广,引起士兵们的不满,吴广夺下一名军官的佩剑,将他杀死了,陈胜也杀了另外一名军官。

陈胜把九百名士兵召集在一起,大声说道:"我们在这里遇上了大雨,已经不能按期抵达渔阳了,而误了期限大家都要被杀死,即便侥幸不被杀死,戍守边塞,十分之六七的人也要送命"。

大家都问:"该怎么办?"

陈胜说:"好汉不死则已,死就要取得名声。王侯将相难道是天生的吗?我们也要做王侯将相。"

陈胜的话,说出了大家的心声,士兵们高呼:"我们愿意听从您的号令!"

于是,陈胜和吴广下令,所有人都袒露右胳膊作为标志,并且一起发誓,起来造反,反抗秦二世的暴政。

接着,陈胜以公子扶苏、楚将项燕的名义,号召百姓起来造反。

陈胜自立为将军,吴广为都尉,士兵们一举攻下了大泽乡，接着又迅速攻下蕲（qí）县县城。中国历史上第一次大规模的农民起义战争爆发了。

陈胜起义的消息传来，各地百姓都"斩木为兵，揭竿为旗"，就是把树木砍下来，制作武器，把竹竿砍断，制作旗杆，老百姓纷纷加入起义队伍，陈胜的队伍不断扩大，不到一个月的时间，又攻克了几个县城。

四、自称为王

陈胜带领农民军进攻许多地方，占领了大片土地，最后，他们把目标定在进攻陈县上。

陈县曾经是陈国的都城，也是楚国后期的都城，占领陈县，在战略上非常重要，于是，陈胜和吴广就带领起义军，开赴陈县。

这时候，起义军已经拥有战车六七百乘，骑兵一千多人，步兵好几万人。秦朝陈地郡守和县令见起义军势力很大，早就闻风丧胆，逃之夭夭了，只留下郡丞在负隅顽抗。在起义军的强大攻势下，秦朝军队很快土崩瓦解。起义军杀了郡丞,浩浩荡荡开进陈县县城。

陈胜打下陈县后,就召集当地有名望的人共商大计。

有人建议说:"陈将军您亲自披甲上阵,手拿武器,讨伐残暴无道的秦朝,恢复楚国的江山社稷,论功劳,您应当称王。"

于是,陈胜就自称为王,国号叫做"张楚","张楚"就是张大楚国的意思。

张楚国建立后,陈胜以国王的名义发号施令,提出"伐无道,诛暴秦"的口号,各地纷纷响应,很快反抗秦朝的起义像燎原的烈火一样,在各地燃烧起来。

在陈胜的影响下,各地一些贵族也起兵反秦。刘邦、项梁、项羽、英布、彭越等人也组织军队,进攻秦军。秦朝迅速走向风雨飘摇的动荡时期。

五、进攻关中

为了尽快推翻秦朝的残暴统治,陈胜命令吴广带领起义军主力,向西进攻荥阳,攻占函谷关,直接攻取秦国都城咸阳。同时又派军队从南面攻入武关，迂回进攻关中。他还派出小股部队，向各地进攻秦军，起义军走到哪里，百姓们都起来参加起义军，各路起义军勇猛作战，所向披靡，秦朝的统治也跟着土崩瓦解。

但是，吴广率领的大军却进展不顺利，他们很久都没有攻下荥阳，大军西进受阻。于是，陈胜又派周文为将军，率兵绕过荥阳，直接进攻函谷关。

周文大军势如破竹，一直打到离秦都咸阳仅百余里的戏地（今陕西临潼境内）。进军途中，百姓奋起响应，队伍不断扩大，当时已拥有战车千乘，士兵几十万人。

秦二世胡亥听到起义军逼近咸阳的消息，吓得大惊失色。他下令赦免在骊山秦始皇陵服役的几十万刑徒，组成军队，由将军章邯率领，阻击起义军。

章邯率领临时组建的秦军，突然进攻农民起义军，起义军被打了个措手不及，被迫退出关中。

后来，在章邯的进攻下，起义军不断失败，周文自杀身亡。

周文大军失败后,章邯带领秦军继续东进,进攻围攻荥阳的农民军。吴广被起义军将领田臧杀害,导致这支起义军部队全军覆没。

六、失败身死

公元前209年,章邯在打败吴广和周文率领的起义军后,全力进攻陈县。陈胜亲自带领农民军将士与秦军展开激战,但是,因为秦军数量过多,力量相差悬殊,陈胜战败,退出陈县,后来被自己的车夫庄贾(gǔ)杀害。

陈胜从谋划起义,到称王建国,再到兵败被害,前后不过半年时间,但他点燃的反秦烈火烧红了大半个中国。三年后,刘邦领导的农民起义军杀入咸阳,推翻了暴秦统治,中国历史上第一次大规模农民起义最终取得了胜利。

陈胜出身贫苦,但他胸怀大志,在面临生死存亡的危机时刻,能够挺身而出,高举义旗,面对强大残酷的黑暗统治,绝不退缩忍让,而是奋力抗争,从而成为千古传诵的英雄。但是，陈胜称王后开始骄傲自大，疏远原来的贫苦朋友，违背了"苟富贵不相忘"的诺言，也导致他最终的失败。

项　羽

一、力能扛鼎

孩子们，我们今天讲的人物，是中国历史上最强的武将之一，他名叫项藉，字羽，秦朝末年下相人，也就是今天江苏省宿迁人。

项羽的爷爷，是楚国名将项燕，项燕在和秦军作战失败后自杀。项羽的爸爸名叫项超，在项羽小的时候，爸爸就死了。项羽由叔叔项梁抚养长大。

项羽长到十岁的时候，叔叔项梁请人教他读书，但是，他没有学几天，就不愿意学了。项梁又请人教他学剑，他学了几天，又不愿意学了。项梁很生气，就责问他："读书不愿意读,练剑不愿意练,你到底想学什么?"

项羽说:"读书识字只能记住几个人名,学剑只能对付几个人。我要学万人敌,就是能打败一万人的本事。"

于是,项梁又教项羽学习兵法,项羽非常高兴,但是,只学了几天,也不愿意深入学习了。

项羽逐渐长大了,他身高八尺,相貌堂堂,而且力大无比,能扛(gāng)起大鼎,他常常和周围的年轻人打架,一个人能打倒十几个人,周围的孩子都很怕他。

项羽英勇过人,力大无比,但是,他不愿意下功夫学习,注定了他日后悲剧的命运。

霸王项羽,
选自《清刻历代画像传》

二、起兵造反

秦始皇赵政曾经到会稽巡视,项梁带着项羽跑去观看。秦始皇的大队人马,驾着大船渡过浙江,非常威风,吓得两岸百姓都不敢出声。但是,项羽却大声说:"我看,秦始皇也没有什么了不起,我可以取代他当皇帝。"

这句话把项梁吓坏了,他赶紧捂住项羽的嘴说:"你不要胡乱说,说这话是要杀头、株连九族的。"

公元前209年七月,陈胜、吴广在大泽乡揭竿起义,各地纷纷响应。九月,秦朝会稽太守殷通也想起兵造反。

殷通找来项梁说:"现在各地都造反了,这是上天要秦朝灭亡,我听说先下手为强,我准备组织军队造反,想让你和桓楚当我的大将。"

项梁觉得,殷通是秦朝太守,却要造反反秦,这个人实在靠不住,而且殷通能力有限,项梁不愿意做他的手下,于是,项梁就安排项羽进来,杀掉殷通,夺了殷通的官印。

殷通的手下都吓坏了，大家一拥而上，想杀死项梁和项羽，项羽挥剑，一连杀死一百多人，吓得大家都趴在地上，再也没有人敢反抗。

项梁马上召集自己的子弟和当地有名望的人，向他们说明起兵反秦的道理，众人都支持项梁。于是，项梁派人去接管下属各县的士兵，共得到八千人。项梁做了会稽太守，项羽为副将，正式起兵反秦。

公元前208年六月，陈胜被车夫庄贾杀害，项梁接受谋士范增的建议，立楚怀王的孙子熊心为新的楚怀王，项梁封为武信君。

三、骄兵必败

项梁率领江东八千子弟兵向西进攻秦军。一路上，各路反秦义军不断加入他们的队伍，刘邦、英布、蒲将军的人马也归属了项梁，项梁的军队很快增加到六七万人。

项梁和秦军交战，取得了几次胜利，项梁就开始轻视秦军，变得越来越骄傲自大，士兵也变得松懈（xiè）。

将军宋义对项梁说:"打了胜仗,将领就骄傲,士卒就松懈,这样的军队一定要打败仗。如今我们松懈了,而秦兵在一天天增加,我替你担心啊!"

项梁不听,继续每天饮酒作乐。

宋义出使齐国,在路上遇见了齐国使者,宋义问齐国使者:"你是要去见武信君项梁吗?"

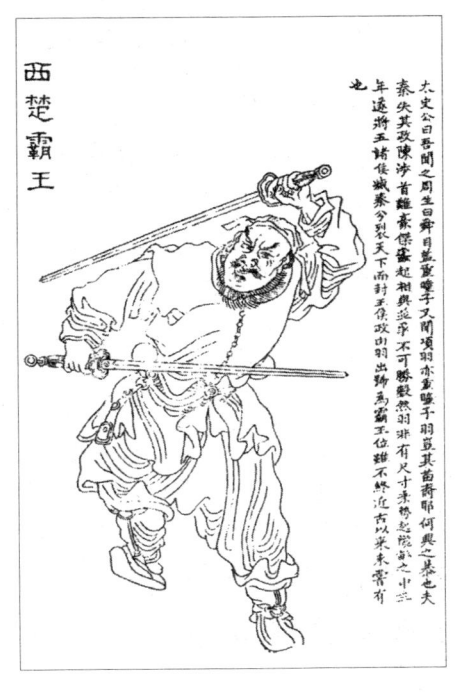

霸王项羽,
选自(清)上官周《晚笑堂画传》

齐国使者回答说:"是的。"

宋义说:"依我看,武信君的军队必定要失败。你要是慢点儿走可能就不会死,如果走快了,就会赶上项梁被秦军打败,你也会遭遇灾难。"

果然，秦军大将章邯（hán）发动全部兵力来攻击楚军，在定陶打败楚军，项梁战败被杀。

这时候，项羽和刘邦率领军队去攻打陈留，陈留的秦军坚守城池，攻不下来。项羽和刘邦就向东撤退。

秦军大将章邯打败项梁军队后，认为楚地的军队不值得忧虑，于是引军渡过黄河向北进攻赵国去了。

四、诛杀宋义

楚军在定陶战败以后，楚怀王熊心听说宋义在项梁没有失败的时候，就预测到项梁要打败仗，他认为宋义懂得兵法，是一个有智慧的人，他就任命宋义做了上将军，号称卿子冠军，项羽为副将，各路将领归宋义率领。

这时候，秦国大将章邯正攻打赵国，赵国支撑不住，向楚军求救，熊心就让宋义率军援助赵国，宋义带领部队抵达安阳，驻扎下了，停留了四十六天，不再前进。

项羽说："秦军把赵军包围在巨鹿城中，我们应该赶快率兵渡过黄河，我们从外面攻打，赵军在里面接应，一定能击破秦军。"

宋义说:"我认为并非如此。秦国攻打赵国,打胜了,士卒也会疲惫,我们就可以利用他们疲惫的时候打败他。秦国打不胜,我们就率领部队擂鼓西进,一定能歼灭秦军。所以,现在不如先让秦军和赵军两方相斗,我们等待机会"。

项羽还想争辩,宋义笑着说:"若说身披坚硬的铠甲上阵杀敌,我宋义比不上你。若论坐于军帐,谋划决策,你比不上我宋义。"

宋义命令全军,凡是不听号令者,一律斩杀。

当时天气寒冷,下着大雨,士卒一个个又冷又饿。但是宋义却在帐中置备酒筵,大会宾客。

项羽对将士说:"我们大家来这里是想齐心合力攻打秦军,宋义却久久停留不向前进。如今正赶上荒年,百姓贫困,将士们吃的是芋头豆子,军中没有存粮,宋义却置办酒筵,大会宾客,不率领部队渡河去从赵国取得粮食,跟赵国合力攻秦,却说'利用秦军的疲惫'。凭着秦国那样强大去攻打刚刚建立的赵国,秦国必定取胜,赵国被攻占,秦国就更加强大,到那时,还谈得上什么利用秦国的疲惫?再说,我们的军队刚刚打了败仗,楚王坐立不安,集中了楚军全部兵力粮饷交给宋义一个人,国家的安危,就在此一举。可是宋义不体恤士卒,畏缩不前,真不是国家的贤良之臣。"

第二天早晨,项羽去参见宋义,在军帐中,斩下了宋义的头,出来向将士发令说:"宋义谋反,楚王密令我处死他。"

将领们都畏惧项羽,没有人敢抗拒,都说:"第一个把楚国扶立起来的,是项将军。如今又是将军诛灭了乱臣贼子,我们愿意听从您的命令。"

于是,大家一起立项羽为代理上将军。项羽又派桓楚去向楚怀王熊心报告。楚怀王无奈,只好让项羽作了上将军。

五、破釜沉舟

项羽杀了卿子冠军宋义，就率领军队渡过漳河，然后下令把船全部凿沉，把锅全部砸毁，每人只带三天的干粮，表示要和秦军决一死战，战败了绝不退回。

项羽的军队冲向前线，包围了秦军大将王离的部队，又派英布和蒲将军切断秦军送粮的通道，楚军开始向秦军发动进攻，楚军战士个个以一当十，英勇作战，战场上杀声震天，吓得秦军闻风丧胆，楚军打败秦军，杀了秦将苏角，并生擒了大将王离。秦国大将涉间拒不投降，自焚而死。

巨鹿之战，项羽名扬天下，威震诸侯。项羽在打败秦军以后，召见诸侯将领。各诸侯国将领进入军门时，一个个都跪着用膝盖向前走，没有谁敢抬头仰视项羽。

从此，项羽真正成了诸侯的领袖，各路诸侯都对他畏惧三分。

六、坑杀秦卒

秦国大将章邯（hán）率军与项羽对峙，同时派长史司马欣到咸阳请求增援。但是，赵高把持朝政，不让秦二世赵胡亥了解军情，而且还想杀死司马欣。司马欣逃回来对章邯说："赵高在朝廷独揽大权，如今仗能打胜，赵高必定嫉妒我们的战功，加害我们。打不胜，我们更免不了一死。希望你认真考虑我们的处境！"

后来，也有人劝章邯投降楚军，章邯想起秦国过去的大将白起、蒙恬等人，虽然都屡立战功，最后都被秦王蒙冤杀害，于是章邯就带领二十万秦军，向项羽投

坑弃万军（白起），
选自（清）马骀绘《历代名将画谱》

降。

章邯见了项羽，禁不住流下眼泪，向项羽述说了赵高的种种劣行。项羽封章邯为雍（yōng）王，安置在项羽军中，任命司马欣为上将军，统率秦军担当先头部队。

秦军官兵投降后，楚军对待他们就像对待奴隶一样，秦军士兵议论说："章将军骗我们投降，我们如果不能攻入关中，诸侯军退回去了，秦国必定会把我们父母妻儿全部杀掉。"

有人把秦兵的议论报告给项羽，项羽下令把投降的秦兵二十多万人全部在新安城南活埋。

七、鸿门宴

楚怀王熊心曾和项羽、刘邦约定，谁先攻入关中，就封谁为关中王。

项羽率领军队，向西进攻秦国。到了函谷关，却发现函谷关有刘邦的军队在防守，没能进去。这时候，刘邦已经带兵绕道攻下了秦国国都咸阳。项羽就派英布攻打函谷关,占领函谷关后,项羽才进入关中。

刘邦的手下左司马曹无伤派人告诉项羽说:"刘邦想在关中称王,把天下占为己有。"

项羽听后愤怒地说:"明天准备酒食,好好犒劳士卒,我要把刘邦的部队打垮,活捉刘邦!"

这时,项羽四十万大军驻扎在新丰鸿门,刘邦有士兵十万,驻扎在灞上。

鸿门阃宴,
选自(清)马骀绘《历代名将画谱》

范增劝项羽杀掉刘邦,减少争霸天下的有力对手。于是,项羽就在鸿门设下酒宴,请刘邦前来赴宴,想在宴席上杀掉刘邦。

项羽的叔父项伯,和刘邦的谋士张良关系很好,他担心张良被杀,就连夜骑马跑到刘邦军营中,私下见到张良,就把项羽要杀刘邦的事告诉了张良,想叫张良跟他一起逃走。张良进入军帐,把项伯的话全部告诉了刘邦。

刘邦大为吃惊,说:"该怎么办呢?"

张良问:"你估计你的兵力打得过项羽吗?"

刘邦说:"当然打不过。"

张良说:"我去告诉项伯,就说你是不敢背叛项羽的。"

刘邦说:"你请他进来,我要像对待兄长一样侍奉他。"

张良出去请项伯,项伯进来与刘邦相见。刘邦捧着酒杯,向项伯献酒祝寿,又定下了儿女婚姻。

刘邦说:"我进驻函谷关以后,什么东西都没敢动,登记了官民的户口,查封了各类仓库,派将守关,是为了防备其他盗贼窜入。我们日夜盼着项将军到来,哪里敢谋反啊?希望你详细转告项将军,我是绝不敢忘恩负义的。"

项伯答应了，对刘邦说："明天可千万要早点来向项羽道歉。"

刘邦答应了。

项伯回到军营，把刘邦的话报告了项羽，又说："如果不是刘邦先攻破关中，你怎么能顺利进关呢？如今人家有大功反而要攻打人家，这是不符合道义的，不如就此好好对待他。"

项羽答应了。

第二天早晨，刘邦带着一百多名侍从来见项羽，赔罪说："我跟将军一起进攻秦军，将军在河北作战，我在河南作战，却没想到我能先入关攻破秦朝，能够在这里又见到你。现在是有小人说了什么坏话，才使得将军和我之间产生了矛盾。"

项羽说："是你的左司马曹无伤说的，不然，我怎么会这样！"

项羽就让刘邦留下一起喝酒。酒席宴上，范增好几次给项羽使眼色，让他下令杀掉刘邦，项羽都没有反应。

范增起身出去，叫来项羽手下大将项庄，对他说："项羽为人心肠太软，你进去献酒，然后请求舞剑，趁机刺杀刘邦。"

项庄进来，上前献酒，又要求舞剑。项羽同意了。项庄就拔剑起舞。项伯看出了项庄的用意，也拔剑起舞，总是用身体掩护刘邦，项庄没有办法刺杀刘邦。有句成语叫做"项庄舞剑，意在沛公"，说的就是这件事。

张良走出军帐，找来刘邦的大将樊哙（kuài）。张良说："现在项庄正在舞剑，他一直在寻找机会刺杀刘邦。"

樊哙说："太危险了，让我进去，我要跟刘邦同生死！"

樊哙带着宝剑拿着盾牌就往军帐里闯，卫士想拦住不让他进去，樊哙拿盾牌往前一撞，卫士们被撞得倒在地上。樊哙冲进来，头发根根竖起，睁圆眼睛怒视项羽，眼角都要睁裂了。

项羽伸手握住宝剑，挺直身子，问："这位客人是干什么的?"

张良说:"是刘邦的护卫樊哙。"

项羽说:"真是一位壮士!赐他一杯酒!"

手下人给樊哙递上来一大杯酒。樊哙拜谢,起身站着喝了。

项羽说:"赐他一只猪肘!"

手下人递给樊哙一只生猪肘。樊哙把盾牌反扣在地上,把猪肘放在上面,拔出剑来边切边吃。

项羽说:"好一位壮士!还能再喝吗?"

樊哙说:"我连死都不在乎,一杯酒又有什么可推辞的!"

成语"彘(zhì)肩斗(dòu)酒",就出自这里,形容英雄豪壮之气概。

樊哙喝完酒说:"秦王有虎狼一样凶狠的心,杀人无数,唯恐杀不完,还给人上刑,好像唯恐用不完刑法,天下人都背叛了他。楚怀王曾经和诸将约定说'先击败秦军进入咸阳,让他在关中为王。'如今刘邦先击败秦军进入咸阳，连毫毛那么细小的财物都没敢动，封闭秦王宫室，把军队撤回到霸上，等待大王你的到来。特地派遣将士把守函谷关，为的是防备其他盗贼窜入。刘邦如此劳苦功高，没有得到奖赏，你反而听信小人谗言，要杀害有功的人。这只能是走秦朝灭亡的老路！"

樊哙的一番话说得项羽无法回答，只能请樊哙坐下，樊哙挨着张良坐下来。

过了一会儿，刘邦起身上厕所，顺便把樊哙叫了出来。

刘邦对樊哙说："这里很危险，我想不辞而别，你觉得行不行？"

樊哙说："干大事不必顾及小的礼节，讲大节无须躲避小的责备，如今人家好比是刀子砧（zhēn）板，而我们好比是鱼和肉，还告辞干什么？"

成语"人为刀俎（zǔ），我为鱼肉"就出自樊哙的话。比喻生杀大权掌握在别人手里，自己处在被宰割的地位。

于是，刘邦带人离开鸿门，让张良留下来向项羽致歉告辞。

刘邦扔下车马和侍从，独自一人骑马，樊哙等人手持剑盾，跟在后面徒步奔跑，从骊山而下，顺着芷（zhǐ）阳走小路，一溜烟逃走了。

张良估计刘邦逃远了，才进去对项羽说："刘邦酒量不大，喝得多了，不能跟大王告辞。他送给大王白璧一双，敬献给大王。"

项羽问："刘邦现在在什么地方？"

张良答道："听说大王有意责怪他，他就脱身一个人走了，现在已经回到军营。"

项羽接过白璧，放在座位上。

刘邦回到军营，立即杀了曹无伤。

八、火烧秦宫

过了几天，项羽带兵进入咸阳。

有人对项羽说："关中这块地方，有山河为屏障，四方都有要塞，土地肥沃，可以建都成就霸业。"

项羽说:"富贵不回故乡,就像穿了锦绣衣裳在黑夜中行走,别人谁知道呀?"

那个劝项羽的人说:"人说楚国人像是猕猴戴了人的帽子,确实是这样。"

项羽听见这句话,把那个人扔进锅里煮死了。

"沐猴而冠"这个成语,就出自这里,"沐猴"就是猕猴,"而冠"就是戴上帽子。这个成语现在比喻人徒有其表,见识浅薄。

项羽下令,杀了秦降王赵子婴,烧了秦朝的宫殿,大火烧了三个月都没有熄灭。项羽还下令把秦朝王宫的财宝、美女全部劫走,把咸阳百姓全部屠杀。

九、分封诸王

项羽效仿西周的分封制,自立为西楚霸王,统治九个郡,建都彭城,就是今天江苏徐州。奉楚怀王熊心为义帝。将手下功臣、大将都分封为诸侯王。封刘邦为汉王,管理巴、蜀、汉中等地。

项羽把关中分为三部分，把秦国投降将领封在这里，让他们防御汉王刘邦。立章邯为雍王，统治咸阳以西地区，建都废丘。立司马欣为塞王，统治咸阳以东到黄河一带地区，建都栎（yuè）阳；立董翳（yì）为翟（dí）王，统治上郡，建都高奴。现在我们经常把陕西称为"三秦"，就出自这里。

刘邦被封为汉王，他认为项羽违背了义帝当初"先入关中者王"的约定，心中很不满意，但是，迫于自己和项羽实力相差悬殊，只能带领自己的人马，经过秦岭栈（zhàn）道，到汉中去了。他还听从谋士张良的建议，烧毁栈道，表示自己再不会出关中，以麻痹（bì）项羽。栈道，是古人在山间沿悬崖峭壁，用木石搭建的道路。

项羽见刘邦去了汉中，而且烧毁栈道，认为刘邦从此不会再和自己争夺天下，才放下心来。

公元前206年四月，项羽带领手下回到自己封地彭城，各个诸侯王也回到各自的封地。

十、楚汉战争

过了不久,项羽派人杀死义帝熊心,引起大多数诸侯的不满。齐国首先反叛项羽,接着,赵国也起兵反叛。

汉王刘邦在汉中拜韩信为上将军,准备带领军队,越过秦岭,进攻项羽。韩信采用了"明修栈道,暗度陈仓"的策略,麻痹项羽和雍王章邯。

刘邦派大将樊哙带领一万人去修栈道。项羽和章邯都认为,刘邦三年内也修不好栈道,从而放松了对刘邦的警惕,他们没想到刘邦的精锐部队,从小道翻山越岭进攻陈仓,章邯战败逃走,刘邦军队进入关中,很快平定了三秦。

此后,从公元前206年八月至公元前202年十二月,项羽、刘邦为争夺天下,进行了长达四年的楚汉战争。项羽从开始的优势逐渐处于劣势。

十一、楚河汉界

公元前202年秋,楚汉战争进入相持阶段,项羽要求与刘邦讲和,刘邦要求项羽释放被项羽俘虏的父亲刘公和妻子吕雉。项羽答应了。项羽与刘邦约定,平分天下。以鸿沟为界,鸿沟以西划归汉,鸿沟以东划归楚。鸿沟是古代一条运河,在今天河南省荥阳市。鸿沟也称为"楚河汉界",现在我们在中国象棋盘的分界上,依然能看到楚河汉界的字样。"鸿沟"现在也指界线分明。

项羽同意了这个条件之后,立即释放了刘邦的家属。他就带领军队往东回家去了。

十二、四面楚歌

刘邦和项羽订立了盟约,也想撤兵西归。

张良、陈平劝刘邦说:"大王已经占领了天下一大半土地,诸侯又都归顺大王。如今楚军士兵疲劳,粮食用尽,这正是消灭楚国的大好机会。不如趁此消灭项羽,如果现在放走他,就是养虎为患啊。""养虎为患"这个成语,就出自这里,比喻纵容敌人,留下后患,自己反受伤害。

刘邦听从了他们的建议,于是带领军队,追击项羽。双方又经过几次激战,互有胜负。但是,项羽的军队越战越少,力量越来越薄弱。而刘邦得到各路诸侯的支援,军队越来越强大。

公元前202年冬,刘邦的军队将项羽的部队围困在垓(gāi)下。项羽兵少粮尽,汉军又把他们团团包围起来,无法突围。

深夜,韩信让汉军都唱起楚国的歌曲,楚国士兵听到了,都思念家乡,伤心落泪,无心战斗。项羽非常吃惊,心里说:"难道汉军已经完全占领楚国了?怎么汉军中楚国人这么多?"

项羽夜不能寐(mèi),在军帐中饮酒。有一位叫做虞姬的美女,一直跟在项羽身边。项羽有一匹名叫乌骓(zhuī)的骏马,项羽一直骑着它征战。

项羽垓下被围,清代年画

这时候,项羽感到非常悲伤,作诗吟唱道:"力拔山兮气盖世,时不利兮骓不逝。骓不逝兮可奈何,虞兮虞兮奈若何!"

翻译成现在的话就是:"力量能拔起大山啊,英雄气概举世无双。时运不好呀,乌骓马不再往前闯!乌骓马不往前闯啊!可怎么办?虞姬呀虞姬,怎么安排你才妥当?"

项羽唱了几遍,虞姬在一旁应和。项羽的眼泪一道道流下来,左右侍卫也都跟着落泪,没有一个人敢抬起头来看他。

第二天黎明，项羽骑上马，部下八百多人跟随，向南冲出包围圈，飞驰而逃。汉军发觉了，骑将灌婴带领五千骑兵去追击。

项羽渡过淮河，部下壮士能跟上的只剩下一百多人了。

项羽到达阴陵，迷了路，去问一个农夫，农夫骗他说："向左边走。"

项羽带人向左，陷进了大沼泽中。汉兵追上了他们。

项羽又带着骑兵向东，到达东城，这时就只剩下二十八个人。

汉军骑兵几千人追赶上来。项羽估计逃不掉了，对他的士兵说："我带兵起义至今已经八年，亲自打了七十多仗，抵挡我的敌人都被打垮，我所攻击的敌人无不降服，从来没有失败过，因而能够称霸，占有天下。可是如今被困在这里，这是上天要亡我，决不是作战的过错。今天我决心战死了，我想和诸位痛痛快快地打一仗，打胜三个回合，给诸位冲破重围，斩杀汉将，砍倒军旗，让诸位知道的确是上天要亡我,决不是作战的过错。"

于是,项羽下令把骑兵分成四队,朝四个方向冲杀,约定冲到山的东边,分作三处会合。项羽对士兵们说:"我给你们拿下一员汉将!"说完大喊一声,冲了下去,汉军像草木随风而倒。项羽杀掉了一名汉将。

项羽与他的骑兵在三处会合了。汉军不知项羽的去向,就把部队分为三路,再次包围上来。项羽驱马冲了上去,又斩了一名汉军军官,杀死一百八十多人,仅仅损失了两个人。项羽问骑兵们道:"怎么样?"骑兵们都佩服地说:"正像大王说的那样。"

这时候,项羽想向东渡过乌江。乌江亭长正停船靠岸等在那里,对项羽说:"江东虽然小,但土地纵横有一千里,人民有几十万,也足够称王啦。希望大王快快渡江。现在只有我这儿有船,汉军到了,没法渡过去。"

项羽笑了笑说:"上天要亡我,我还渡乌江干什么!我和江东子弟八千人渡江西征,如今没有一个人回来,即使江东父老兄弟怜爱我,让我做王,我又有什么脸面去见他们？即使他们不说什么，难道我心中没有羞愧吗？"

项羽又说："我知道你是位忠厚长者，我骑着这匹马征战了五年，所向无敌，曾经日行千里，我不忍心杀掉它，把它送给你吧。"

项羽命令骑兵都下马步行，手持短兵器与追兵交战。光项羽一个人就杀掉汉军几百人。项羽身上也多处负伤。

项羽回头看见汉军骑司马吕马童，说："你不是我的老相识吗？"马童认出项羽，指给汉将王翳（yì）说："这就是项羽。"

项羽说："我听说汉王用黄金千斤，封邑万户悬赏，要我的脑袋，我就把这份大礼送你吧！"

说完，项羽自刎而死。

项羽已死，楚地全都投降了汉王。刘邦建立起中国历史上又一个新的朝代汉朝。

十三、功过参半

　　陈胜起义,项羽跟随叔父项梁起兵作战,在天下大乱之际,凭借自己的勇敢和力量,在短短三年的时间里,推翻残暴的秦朝统治,分封各地诸侯,成为天下霸主。项羽也成为一代英雄和著名战将。

　　但是,项羽从小不喜欢学习,认为靠武力就能统治天下。他缺少谋略,火烧咸阳宫,坑杀秦国降卒,放弃有利于建都的关中,回到缺少有利地势防卫的彭城。又杀死义帝,自立为王,导致诸侯背叛。结果五年之间丢了国家,身死战场。他最后依然执迷不悟,也不自责,竟然拿"上天要亡我,不是用兵的过错"这句话来自我解脱,实在是十分荒唐可笑的。

刘　邦

一、出身农民

我们今天讲的历史人物，是汉朝开国皇帝刘邦。

刘邦，字季。公元前256年出生在战国时代的魏国，他的故乡是沛（pèi）县丰邑（yì），也就是今天的江苏徐州丰县。

据说刘邦长得很有特点，额头高高隆起，左边大腿上有七十二颗黑痣。刘邦的父亲刘瑞是一位农民，刘邦是刘瑞的第三个儿子。

刘邦小时候，不喜好读书，长大也不爱下地劳动，父亲刘瑞很不喜欢他，经常训斥他，但是刘邦依然我行我素，整天游手好闲。他仰慕魏国公子信陵君魏无忌，想投入信陵君门下当食客。于是，刘邦前往魏国国都大梁。但是，等他到大梁的时候，信陵君已经死了，他就投奔到信陵君门客张耳的门下。后来，秦国消灭了魏国，张榜抓捕张耳，刘邦逃回到家乡沛县去了。

信陵君驾车请侯嬴赴宴，（清）吴历绘

秦朝建立后，刘邦当了沛县泗水亭长，管理十里以内的地方，是个很小的官职。亭长当得时间长了，刘邦就和沛县的官吏们混得很熟，在当地也小有名气。

据说，刘邦胸怀大志，有一次，他押送服役人员去咸阳，路上遇到秦始皇出巡，秦始皇坐在装饰精美华丽的车上，后面有大队人马跟随，真是威风八面。刘邦羡慕地说：

"大丈夫就应该像这样啊!"

后来,刘邦娶了吕公的女儿吕雉为妻。

二、醉斩白蛇

有一年,刘邦押送犯人去骊山为秦始皇修建陵墓,很多犯人半路上逃走了,刘邦害怕遭到处罚,走到芒砀(dàng)山的时候,就停下来饮酒,趁着夜晚把所有的犯人都放了。刘邦说:"你们都逃命去吧,我也要远走高飞了!"

一部分人回家了,还有十多个壮士愿意跟随他。他们夜里走小路通过沼泽地的时候,突然走在前面的人跑回来说:"有一

刘邦

条大白蛇挡在路上，过不去。"

刘邦已醉，他乘着酒意，说："大丈夫有什么可怕的！"

于是，刘邦赶到前面，拔剑斩了大蛇。大蛇被斩成两截，刘邦等人继续往前赶路。这时候，却听身后传来哭声，有人跑回去看，只见一个老婆婆坐在路边哭泣。

有人问她为什么哭，老婆婆说："有人杀了我的儿子。"

另一个人问："你的儿子为什么被杀？"

老婆婆说："我儿是白帝之子，变化成蛇，挡在道路中间，如今被赤帝之子杀了，所以哭。"

众人以为老婆婆是在说谎，正要打她，老婆婆却忽然不见了。

后面的那些人赶上了刘邦，把老婆婆的话告诉了刘邦，刘邦心中暗暗高兴。那些追随他的人，也认定刘邦是赤帝之子，更加敬畏他了。

三、沛县起兵

公元前209年,陈胜、吴广率领起义军攻占了陈县以后,陈胜建立了"张楚"政权,公开反秦。

这时,沛县县令也想起义,就和官吏萧何和曹参商议。萧何劝县令把沛县在外流亡的人召集回来,可以增加力量。

县令觉得有理,便让屠夫樊哙去邀请刘邦回来。刘邦当时手下已经拥有几百人。然而,当刘邦带着众人回到沛县的时候,陈胜已经被害,县令害怕起义也会失败,就不想起兵造反了。县令担心刘邦回来不好控制,弄不好还会杀害自己,为了不引狼入室,他命令关闭城门,并准备捉拿萧何和曹参,去向秦朝邀功请赏。

曹参,选自《历代名臣像解》

萧何和曹参闻讯赶忙逃到了城外，见到刘邦，告诉他，县令反复无常。于是，刘邦将一封信射进城中，鼓动城中百姓起来杀掉县令，起义反秦。

城中百姓平时就对县令很不满，他们就杀了县令，打开城门迎接刘邦入城。大家推举刘邦做了沛公，领导大家起事。刘邦便顺从民意，自称赤帝之子，设祭坛，立红旗，招募军队起义，很快义军扩充到三千人。这时候，刘邦已经48岁了。

四、加入楚军

刘邦起义后，立即开始进攻周边郡县，占领了不少地方。后来，刘邦加入项梁和项羽率领的楚国义军中，成为项梁手下一员大将。

陈胜被车夫庄贾（gǔ）杀害后，项梁采纳范增的建议，立楚怀王的孙子熊心为楚王，仍称作楚怀王，建都盱（xū）眙（yí），盱眙在今天江苏省。

楚怀王封项梁为武信君，率军北上，营救被秦军进攻的齐国和赵国。项梁下令刘邦、项羽率领一部分楚军,作为策应,攻占了不少地方。

不久,秦国大将章邯在定陶打败项梁军队,项梁战死。楚怀王把都城从盱眙迁到彭城,彭城在今天江苏徐州。楚怀王封项羽为长安侯,任鲁公;封刘邦为武安侯,任砀郡长,驻兵砀郡。经过一番调整之后,楚国局势稳定下来。

五、沛公西进

秦军大将章邯进攻赵国,赵国急忙向楚国求救。楚怀王答应发兵救赵。他派遣卿子冠军宋义和长安侯项羽北上,营救赵国。同时,为了分散秦军力量,决定派刘邦率军向西直接进攻秦国。

临行前,楚怀王与宋义、刘邦、项羽几个人约定,谁先攻入关中,谁就是关中王。

刘邦由砀郡出兵,首先北上,接收了陈胜和项梁战败的军队,又在杠里打败秦军,秦将王离逃走。接着,刘邦军继续西进，军队增加到四千多人。

六、高阳酒徒

刘邦很注意吸收人才，壮大自己的队伍。他在起义之初，就与韩国谋士张良结为莫逆之交。但是，刘邦出身农民，对于迂腐的读书人很瞧不起，他只愿意结交江湖义士。

有一个成语，叫做"高阳酒徒"，说的是刘邦与郦（lì）食（yì）其（jī）的故事。

高阳人郦食其听说刘邦心胸博大，很有谋略，就想投奔刘邦，但是却没有人引荐。刘邦手下有一位骑士，家住高阳，回家探亲，郦食其就请他向刘邦引荐自己。

郦食其对骑士说："我听说沛公傲慢而且看不起人，但他有远大的谋略和志向，这才是我真正想要追随的人，只是没人替我介绍，你能不能替我引荐一下？"

骑士说："沛公并不喜欢儒生，许多头戴儒生帽子的人来见他，他就把人家的帽子摘下来，往里边撒尿。在和人谈话的时候,动不动就破口大骂。所以您最好不要以儒生的身份去见他。"

郦食其说:"你如见到沛公,就说我的家乡有位郦先生,年纪已有六十多岁,身高八尺,人们都称他是高阳狂徒。"

骑士回去之后,就把郦食其的话告诉了刘邦。

于是,刘邦召见了郦食其。

郦食其走进刘邦的军帐时,刘邦正坐在床头,让两个女子给他洗脚。郦食其大为不满,作揖(yī)不拜,斥责刘邦道:"你是想帮助秦国攻打诸侯?还是想率领诸侯灭掉秦国呢?"

刘邦骂道:"你个奴才儒生。天下的人受秦朝的苦很久了,所以诸侯们才起兵反抗暴秦,你怎么说我帮助秦国攻打诸侯呢?"

郦食其说:"如果你下决心召集义兵来推翻暴虐无道的秦朝,那就不应该用这种傲慢的态度接见长者。"

刘邦听了,赶忙穿戴整齐,起身道歉。

郦食其觉得满意，就率领他的弟弟郦商以及部下四千多人加入了刘邦军队。此后，刘邦又接收了张良率领的韩军几千人，几支军队合在一处，一边和秦军交战，一边向西前进。

七、入关灭秦

刘邦率军攻到武关，离秦国国都咸阳不远了，于是，刘邦派人到咸阳要求秦王投降。

这时候，章邯已经投降了项羽，赵高杀死了秦二世赵胡亥，立赵子婴为秦王。赵高就让使者报告刘邦，想和刘邦平分关中土地。

刘邦听说赵高为人阴险，担心赵高欺骗自己，于是，就依照张良的计策，攻占了武关。之后，刘邦一面率军西进，一面令郦商攻取了汉中、巴、蜀等地。

接着，刘邦又在蓝田打败最后防守的秦军。秦王赵子婴穿着白衣，骑着白马，脖子上系着绳子，向刘邦献上了传国玉玺，秦朝灭亡了。

八、约法三章

刘邦进入咸阳城,非常得意,以"关中王"自居。看着秦朝富丽堂皇的宫殿,刘邦有些留恋起来,准备就此住下,享受享受。

樊哙劝刘邦说:"天下还没有平定,别忘了秦朝的前车之鉴"。

刘邦根本听不进去,直到张良亲自来劝,他这才认识到了问题的严重性。于是,刘邦率军退到了霸上。

刘邦到达霸上之后,便召集秦国名士,和他们约法三章:杀人者死,伤人及偷盗抵罪。其他秦朝的严苛法律一律废除,这使他赢得了民心。

九、鸿门之宴

项羽在章邯投降之后,也领兵直奔关中而来,驻扎在鸿门。范增劝他趁机除掉刘邦这个对手,项羽就下令准备在第二天进攻。

这时,刘邦在兵力上无法和强大的项羽相抗衡,他只有十万军队,不可能战胜项羽的四十万精兵。

最后,项羽的叔叔项伯"救"了刘邦。项伯和刘邦的谋士张良很要好,得知项羽要进攻刘邦了,便连夜潜入营中找到张良,让他赶紧走,以免被杀。张良却说自己不能丢下刘邦,就将消息透露给了刘邦。刘邦赶忙向张良要计策,张良让刘邦赶紧去见项伯,说明自己没有野心和项羽争夺王位。刘邦依计约到项伯,说明自己并无野心,并与项伯结成儿女亲家。

项伯返回军营,对项羽说:"因为沛公先进入关中,为我们扫除了入关的障碍,我们这才能顺利地通过函谷关,沛公是有功劳的人,我们不应该猜疑他,应该真诚相待。"项羽听了,便决定不再进攻刘邦。

第二天,刘邦只带了樊哙、张良和一百名亲兵,来到了项羽鸿门的军营,当面向项羽赔礼道歉。

项羽请刘邦赴宴。范增一直主张杀掉刘邦,在酒宴上，一再示意项羽发令，但项羽却犹豫不决。范增召来项庄舞剑，为酒宴助兴，想趁机杀掉刘邦，项伯为保护刘邦，也拔剑起舞，掩护了刘邦。这就是成语"项庄舞剑，意在沛公"的由来。后来刘邦借故离开，回到了自己的军营。

十、入主汉王

鸿门宴之后，项羽领兵进入咸阳，杀死秦王子婴，抢走秦宫中的珍宝财物和美女，最后一把火烧了秦宫。秦国百姓都惧怕项羽，赞美刘邦。

项羽又分封各路将军为王，刘邦被封为汉王，领地是巴、蜀和汉中共四十一县，国都为南郑（今陕西南部）。

刘邦忍气吞声接受了封号，领兵进入汉中，他接受张良的建议，烧毁了栈道，表示再也不想越过秦岭，与项羽争夺天下了，以麻痹项羽。

刘邦率领手下进入汉中，一边安排人民，抓紧生产，贮备军粮，一边抓紧训练军队，准备再次进入中原，与项羽争夺天下霸权。

刘邦还搜罗人才,任用官职。这时候,他把具有军事才能的韩信,拜为大将军。

十一、明修栈道,暗渡陈仓

公元前205年,齐国首先起来反对项羽。齐国贵族田荣不满分封,赶走齐王,杀死胶东王,自立为齐王。项羽出兵攻打田荣。

这一年十一月,刘邦乘机率军东进。他根据韩信的计谋,一边明修栈道,一边率军暗渡陈仓,重返关中很快击败毫无准备的章邯,逼迫司马欣和董翳投降。从而占领了关中,拉开了与项羽争夺天下的序幕。

十二、汉军东出

公元前204年三月,刘邦率军渡过黄河,到达洛阳。以前跟随义帝熊心的董公等人,拦住刘邦,在马前诉说义帝被项羽派人杀死的经过。刘邦听后,放声大哭,亲自为义帝举办丧礼。

此后,刘邦向各诸侯王发布檄(xí)文,指责项羽杀害义帝,大逆不道,罪恶深重。并号召各诸侯王率兵讨伐项羽,为义帝报仇。檄文是古代用于声讨、揭发罪行的文书。

刘邦发布檄文,正式向项羽宣战。

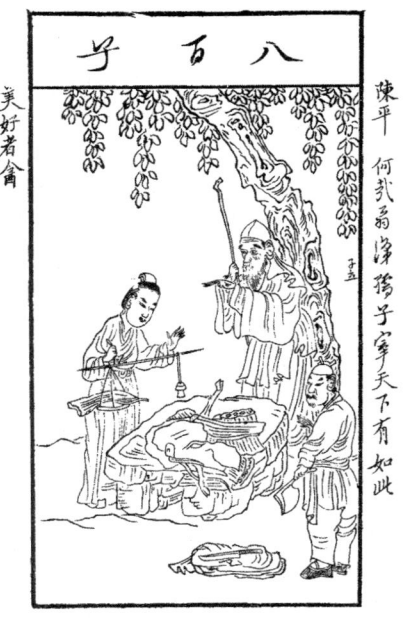

陈平分肉,
选自(明)陈洪绶版画《博古叶子》

此后,刘邦率领的汉军,在张良、韩信、萧何、樊哙、陈平、彭越等人的帮助下,与项羽进行了长达四年的楚汉战争,最后取得了彻底胜利。

十三、建立汉朝

公元前202年2月,韩信等人推举刘邦登基称帝。刘邦开始假意推辞,韩信说:"大王虽然出身贫寒,但能率领众人扫灭暴秦,诛杀不义,安定天下,功劳超过诸王,您称帝是众望所归。"

刘邦顺水推舟地说:"既然你们大家都这样看,觉得有利于天下吏民,那就按你们说的办吧。"

公元前202年二月,刘邦在山东定陶汜(sì)水北岸举行登基大典,定国号为汉,刘邦为汉高帝。立吕雉为皇后,刘盈为太子。此后,刘邦把国都定在咸阳以东的长安。长安就是今天陕西西安市,取长治久安之意。

汉朝建立,开创了中国历史上一个相对稳定和平的新时代。

十四、千古英雄

刘邦早年不喜劳作，游手好闲，但他胸怀大志，以平民身份征战沙场，建立汉朝基业。开创了中国历史上一个新的时代，奠定了大汉民族的基础。

刘邦善用人才，他曾经说："运筹帷（wéi）幄（wò）之中，决胜于千里之外，我不如张良；抚慰百姓供应粮草，我又不如萧何；领兵百万，决战沙场，百战百胜，我不如韩信。可是，我能做到知人善用，发挥他们的才干，这才是我取胜的真正原因。至于项羽，他只有范增一个人可用，但又对他猜疑，这是他最后失败的原因"。

建立汉朝后，刘邦以文治理天下。以儒家思想为主，以法家思想为辅，取消秦朝"严刑峻罚"的做法，废除连坐法及夷三族，提出了"德主刑辅"。就是以教育为主，刑罚为辅，来统治百姓。为汉朝的建立和巩固起了重要作用，也为后人留下了一笔宝贵的文化遗产。

张　良

一、博浪沙刺客

我们今天讲的是历史上著名的谋士，被称作智慧化身的人物，他的名字叫做张良。

张良，字子房，出生在战国时代的韩国贵族家庭，他的爷爷张开地和父亲张平，都做过韩国宰相。后来，秦国灭掉了韩国，张良国破家亡，所以，他对秦始皇充满了仇恨，一心要为韩国复仇。

张良从小体弱多病，但是他很聪明，遇事肯动脑子。他十几岁的时候，曾谋划行刺秦始皇赵政。

张良把自己所有的财产都集中起来，花钱雇了一个大力士，又为他打造了一个一百多斤重的大铁锤（chuí），然后派人去打探秦始皇赵政的行踪。

公元前218年，秦始皇东巡。张良得到了消息，就带着大力士，埋伏在秦始皇出巡的必经之地博浪沙。

张良和大力士在路边的一个土岗上埋伏下来。一天，张良远远看见一队车马浩浩荡荡走过来。

张良，
选自《中国历代帝王名臣像真迹》

前面有武士鸣锣开道，紧跟着是骑士护卫，黑色旌旗仪仗队紧紧相随，车队两边，大小官员前呼后拥。

张良判断是秦始皇的车队到了，但是，车队有三十六辆车子，而且所有马车都是四匹马拉车，分不清哪一辆是秦始皇乘坐的。

最后,张良看到车队中间有一辆最豪华的车,他估计那是秦始皇乘坐的,于是,张良指挥大力士,用铁锤砸向这辆豪华马车。

一百多斤重的大铁锤,一下子将马车砸翻了,车里乘坐的人也被砸死了。张良以为砸死了秦始皇,他和大力士赶快钻入路边的芦苇丛中,逃离了现场。

但是,被大铁锤砸中的只是秦始皇的副车。原来,秦始皇因为多次遇刺,早有预防,他出巡的时候,故意把自己乘坐的马车,隐藏在车队中。所有的马车都是四匹马拉车,而且车的装饰也无法区分。所以张良行刺没有成功。

秦始皇十分恼怒,下令全国抓捕刺客,最后终于查出是张良谋划的刺杀行动,就下令抓捕张良,但张良早已经逃得无影无踪了。博浪沙之后,张良因刺秦而闻名遐迩。

二、圯上受书

"圯(yí)"是桥的意思,"圯上受书"讲的是张良身上发生的传奇故事。

张良为了躲避秦朝抓捕,四处逃亡。

一天,张良来到沂(yí)水河边的一座桥下,远远看见一个老爷爷坐在桥上,那个老爷爷白发飘飘,穿着破烂粗糙的衣服,他的身子坐在桥上,却把两只脚伸在桥外,摇摇晃晃,很是悠闲的样子。

圯上授书,
选自(清)马骀绘《古今人物画谱》

等张良走到身边,那个老爷爷摇着腿,一只鞋掉下河沟里去了。

老爷爷对着张良喊道:"小子,快下去帮我把鞋捡上来。"

张良很吃惊,心里说这个老人怎么这么没有礼貌呀!但是,他还是很不高兴地替老爷爷把鞋捡了上来。

老爷爷又跷起脚来,说:"你给我穿上吧。"

张良觉得老人太不讲道理了,但是,他还是压住心里的怒气,跪下来,给老人把鞋穿好。老爷爷站起来,不但不感谢张良,反而背起双手,仰天长笑着走了。

那老爷爷走了一段,又返回桥上,赞叹张良说:"你这个小子,还是值得我来教育的。"

老爷爷说:"你五天之后的清晨,再来这个桥上见我"。

张良不知道老爷爷是什么意思,但还是恭敬地答应了。

五天后天刚放亮,张良来到桥上。谁知老爷爷已经提前到了,这时正在桥头等着。见张良来了,老爷爷气愤地说:"与老人约会,为什么迟到呀?五天后再来吧!"

老爷爷说完,转身走了。

又过了五天,张良天没亮就出发了,结果,到了桥上,看见老爷爷还是已经站在那里了。老爷爷又让张良回去,过五天再来。

圯上授书，选自《吴友如画宝》

第三次，张良根本就没睡觉，半夜就来到桥上等着。

天快亮的时候，老爷爷来了，他很高兴，他把手里拿着的一本书送给张良，说："读了这本书，就可以成为国君的老师。十年后，天下一定会大乱，你可以用这本书上的智慧，让国家兴起。你十三年后再来见我。"

老爷爷留下书，扬长而去。天亮了，张良再看看那本书，叫做《素书》，也叫《太公兵法》。

这位老爷爷,名叫黄石公,是一位隐居的高人,人称"圯上老人"。

从此,张良日夜研习《素书》,观察天下大事,终于成为一个深明韬略、文武兼备、足智多谋的人。

三、结交刘邦

十年后,公元前209年七月,陈胜、吴广在大泽乡揭竿而起,举兵反秦。紧接着,各地纷纷响应。

张良看到报仇雪恨复兴韩国的日子来到了,他迅速召集自己的族人和朋友,组成了反秦义军,但是他手下只有一百多人,势单力孤,他就决定投靠农民军景驹的部队。

张良带着自己的人,去寻找景驹,半路上遇到了刘邦率领的义军,张良就去拜见刘邦。

刘邦对张良非常器重,两人很谈得来。张良觉得刘邦虽然读书不多,但是待人诚恳,而且聪明过人,很有胆识。刘邦对张良谋划的计策言听计从。于是,张良决定跟随刘邦,不再去投靠景驹,从此成为刘邦最重要的谋士。

张良也深受刘邦的器重和信赖，他的智慧终于有了用武之地。

四、助韩复国

公元前208年六月，项梁、项羽率领的起义军，已经发展到六七万人，这时候，陈胜已死，项梁拥立楚怀王的孙子熊心为楚王。同时，齐、赵、燕、魏等几个诸侯国都已经重新建国。

为了统一各路义军，共同对付秦军，项梁召集各路义军首领在薛城共商大事。

张良跟随刘邦前往薛城，半路上遇上韩国国君后代韩成，他们就一起去投靠项梁。

张良一心想让韩国重新复国，他对项梁说："你已经立了楚怀王的后代为楚王，这非常符合人民的愿望。现在，齐、赵、燕、魏都已经复国，只有韩国还没有，你为什么不赶快立韩国国君的后代为韩王，让他对你也感恩戴德，他虽然是韩王，实际上是楚将，免得被别人抢先，与你为敌。"

张良的话说得很有技巧，他表面上是替项梁着想，实际上是想光复韩国。

项梁觉得张良说得很有道理，就问："韩王还有后代吗？"

张良回答："韩国公子韩成还在，他很有才能，而且名声很好，可以立为韩王。"

项梁让张良去寻找韩成，这时候，韩成实际上就在项梁军营中。

于是，项梁立韩成为韩王，张良为韩国司徒，并且借给他们四千精兵，让他们去韩地攻打秦军，收付旧地。

张良跟随韩成带兵去韩国旧地，攻下了几座城池，但是，很快又被秦军又夺走了。他们只能四处打游击。

五、计定宛城

公元前208年底，楚怀王命刘邦、项羽兵分两路，讨伐秦朝，并约定：谁先攻入咸阳，谁就可以立为关中王。

刘邦率军从颍(yǐng)川、南阳进军,打算从武关进入关中。

公元前207年七月,刘邦率兵攻占颍川,与韩王韩成和张良会合了。刘邦请韩成留守当地,而让张良随军南下。

九月,军队抵达南阳。秦朝南阳郡太守率军退入宛城固守。

刘邦急于入关中,见宛城一时攻打不下,就打算绕过宛城继续前进。

张良认为不妥,劝刘邦说:"你虽然急于进关,但这一路上秦兵还很多,而且都把守着险要的地方。现在不拿下宛城,一旦宛城的秦兵从后面追杀过来,到那时,秦军强兵在前,追兵在后,就很危险了。我建议你还是先夺下宛城"。

张良接着建议说:"过去楚军每次攻打城池,都要屠杀城中官吏和百姓,所以他们才誓死抵抗,只要你赦免城中百姓和官吏无罪,宛城秦军肯定会投降。"

刘邦采纳了张良的建议,立即把宛城重重包围起来。接着,他宣布,只要宛城秦军投降,就赦免全城军民。南阳太守得到消息,就开城投降了。南阳郡的其它城池见太守已降,也都纷纷投降了。

刘邦兵不血刃,占领宛城,而且得到很多投降的士兵,这都是张良的妙计起的作用。

六、巧取峣关

刘邦率军抵达峣(yáo)关。峣关地势险要,易守难攻,是通往秦国国都咸阳的咽喉要道,也是守卫咸阳的最后一道关隘(ài),秦朝派重兵把守。

刘邦赶到关前,想要强行攻取。

张良劝道:"目前秦朝守关的兵力还很强大,不能轻举妄动。"

刘邦只怕项羽大军先入关中,因而心急如焚,忙向张良问计。

张良向刘邦献了一个智取的妙计。

张良说:"我听说峣关的守将是个屠夫的儿子,这种市侩(kuài)小人,只要用点财物就可以打动他的心。你可以先派部队,在峣关四周山上插上大量的旗帜,虚张声势,作为疑兵,吓唬秦军。然后再派郦食其多带珍宝财物去劝诱秦将,秦将必然投降。"

刘邦依计而行,峣关守将果然献关投降,并表示愿意和刘邦联合进攻咸阳。

刘邦大喜,张良却认为不可。

张良说:"峣关守将想反叛秦朝,他部下的士卒未必服从。如果士卒不从,后果将不堪设想。不如乘机消灭他们。"

于是,刘邦率兵向峣关突然发起攻击,结果秦军大败,弃关退守蓝田。刘邦乘胜追击,在蓝田彻底消灭秦军。然后,大军继续前进。

公元前207年十月,刘邦大军抵达霸上。

这时,秦二世已被赵高杀死,仅仅做了46天秦王的赵子婴,眼见起义军兵临城下,大势已去,只好开城投降。至此，雄霸四方、威振海内的大秦帝国灭亡了。

七、约法三章

大军进入咸阳，刘邦看到豪华的宫殿、美貌的宫女和大量珍奇宝物，便忘乎所以，以为可以尽情享受荣华富贵了。

刘邦想住在秦宫中，好好享乐。

武将樊哙骂刘邦没出息，刘邦对樊哙的话根本不理，部下们也心急如焚。在这关键时刻，张良向刘邦分析利害，说："秦王多做不义的事，所以你才能推翻他而进入咸阳。既然你已经为天下人铲除了祸害，就应该注意节俭。现在大军刚刚进入咸阳，你就沉迷在享乐中，这就是所谓的助桀（jié）为虐（nüè）。常言道：良药苦口利于病，忠言逆耳利于行，但愿沛公听从樊哙的话，尽快率领大军，退出咸阳。"

张良语气平和，但软中带硬，尤其是对古今成败的分析，刺疼了刘邦近乎沉醉的心。刘邦愉快地接受了张良的建议，下令把秦宫中的珍宝、财物封存起来，军队退回到霸上。同时派军驻守函谷关，防止秦军反扑。

张良还建议刘邦，召集当地有威望的人，约法三章："杀人者死，伤人及盗窃抵罪。"其他秦法一概废除。

张良的建议，使刘邦赢得了秦国百姓的一致拥戴，争先恐后用牛羊酒食慰劳士兵。

张良建议刘邦，不能接受秦人食物。

刘邦对前来送粮的秦国百姓说："我们军中粮食充足，不要劳民破费了。"

秦地百姓听了，都非常高兴，坚决拥护刘邦为秦地之王。

张良的建议，为刘邦赢得了民心，为他日后重回关中，并以此为根据地与项羽争雄天下，奠定了良好的基础。

八、斗智鸿门

公元前206年二月，项羽率军抵达函谷关。但是，守卫函谷关的刘邦军队不给项羽打开关门，拒绝项羽入关。

刘邦部下曹无伤派人给项羽送去一封秘密信件说："刘邦要在关中称王。"

项羽十分恼怒，立即命令英布进攻函谷关。十二月，英布攻破函谷关，项羽率大军进入关中，驻扎在新丰鸿门（今陕西临潼东北），下令第二天就进攻刘邦军队，消灭刘邦。

项羽的叔父项伯与张良曾经是好朋友。项伯悄悄骑马来到刘邦军营中，私下见到张良，把项羽要攻打刘邦的消息告诉了张良，并邀张良和他一起逃走。

张良说："我奉韩王之命，送沛公入关，而今沛公身处危难之中，我悄悄逃走，是不符合道义的。我必须去向他辞行再走。"

随即，张良来到刘邦的营帐中，把项伯的话一五一十地告诉了刘邦。

刘邦大惊失色，忙问张良："这可怎么办？"

张良故意问刘邦："你估计我们的军队能抵挡住项羽

的进攻吗?"

刘邦说:"项羽四十万军队,我们只有十万人,怎么能打得过项羽呢?"

张良说:"请你去告诉项伯,说你不敢背叛项王。"

刘邦问:"项伯和你相比,谁的年龄大?"

张良说:"项伯比我大几岁。"

刘邦对张良说:"你把项伯请进来,我要像对待兄长一样对待他。"

张良出去,再三邀请项伯来见刘邦。

项伯进帐后,刘邦亲自为项伯斟酒问候,并把自己的女儿许配给项伯的儿子,两家成了儿女亲家。

酒酣耳热之时,刘邦委屈地说:"我入关以后,秋毫无犯,官吏人民造册登记,府库财产严加封存,专门等待项将军来接收。我之所以派将士把守函谷关,是为了防备其他盗贼窜入。我日夜盼望项将军到来,怎么敢反叛呢?请你一定要向项将军转达我的心意。"

一席话,说得项伯信以为真,便交代刘邦:"明天一定要早一点亲自来向项羽谢罪。"

项伯连夜驰回鸿门，把刘邦的话转告给项羽，项羽约刘邦第二天前往鸿门。

刘邦一夜惊恐不安，张良嘱咐刘邦，一定要按他的计策行动。

第二天，刘邦带着张良、樊哙和一百名骑士来到项羽军营。

刘邦一见项羽，忙说："臣与将军一起进攻秦军，将军在黄河以北作战，我在黄河以南作战。不料我侥幸先破秦入关。今有小人陷害我，让将军怀疑我的忠诚。"

项羽见刘邦一副谦恭委屈的样子，不禁脱口说道："这都是沛公的左司马曹无伤告诉我的。说你要在关中称王，令赵子婴为宰相。不然，我为什么要攻打你呢？"

项羽请刘邦赴宴。席间，范增示意项羽，杀死刘邦。项羽犹豫不决。范增只好又从帐外召来勇士项庄，授意他舞剑助兴，伺机杀掉刘邦。项伯看出破绽，拔剑对舞，时时用自己的身体护住刘邦。

张良一看形式紧张，赶快起身去找樊哙，让他快去保护刘邦。

樊哙二话没说，持剑直奔帐中，头发根根竖立，两眼怒视项羽。

项羽不禁吃惊，忙问："这是什么人？"

张良答道："是沛公的随从卫士樊哙。"

项羽说："真是一条好汉，赏给他酒喝！"

左右的侍从捧上一大杯酒，樊哙站着一饮而尽。接着，樊哙大声陈述刘邦的功劳和忠义，指斥项羽疑心太重。

项羽一时竟无言以对，只好招呼樊哙说："坐！"

樊哙趁机坐在张良身边。

过了一会儿，刘邦便借口上厕所，带着张良、樊哙走出营帐。三人商量，决定由樊哙保护刘邦赶快脱身，张良留下来应付项羽。

张良估计刘邦已回到军中，便进帐辞谢道："沛公不胜酒力，不能辞行，他让我奉献一对白璧，敬献给项将军，另外奉献一双玉斗,敬献给范增将军。"

项羽收下白璧。范增气得把玉斗摔到地上,拔剑砍得粉碎,愤怒地说:"唉!项羽小儿,不成大事,将来与你争夺天下的人,一定是刘邦,我们这些人必将成为他的阶下囚!"

刘邦回到军营,立即杀了给项羽通风报信的曹无伤。

张良在生死关头,表现得镇定自若,化解了刘邦的危机。

九、烧毁栈道

公元前206年正月,项羽自立为西楚霸王,同时分封了十八路诸侯王。并违背楚怀王"谁先攻入关中,谁就做关中王"的约定,把刘邦分封到偏僻荒凉的巴蜀,称为汉王。刘邦心中十分怨恨,想率兵攻击项羽,后经萧何、张良一再劝阻,才决定暂且隐忍。

天下已定,张良告辞刘邦回韩国。刘邦送给张良金银珠宝作为酬谢。张良把金银珠宝全部送给项伯，请求项伯说情，再把汉中封给刘邦。项伯说服了项羽。在张良的努力下，刘邦占据了秦岭以南巴、蜀、汉中三郡之地。

张良送刘邦到汉中。他看到沿途秦岭高耸，都是悬崖峭壁，只有栈道可以通行。他建议刘邦，等汉军经过后，把栈道全部烧毁，以消除项羽的猜忌，同时也可以防备他人的袭击。乘机养精蓄锐，等待时机，重新争霸天下。

刘邦根据张良的建议，烧掉了沿途的栈道。

十、计收关中

蜀栈道，（明）谢时臣绘

刘邦到汉中后，励精图治，积极备战。同年八月，刘邦避开雍王章邯的军队,暗渡陈仓,从侧面出其不意地打败了雍王章邯、塞王司马欣和翟王董翳,一举平定三秦,夺取了关中宝地。

项羽得知刘邦占领关中,决定率兵反击。

张良写一封信给项羽,说:"汉王刘邦只不过是想占领关中而已,没有与你争霸天下的意思。你如果把关中封给汉王,汉王就不会领兵再向东去。现在,齐国与赵国联合,想要消灭楚国,这才是灭顶之灾,你不可不防啊。"

张良的话,再一次麻痹了项羽,项羽带兵北上进攻齐国,放松了对关中的防范,为刘邦赢得了宝贵的休养生息时间。

不久,项羽杀死了韩王韩成,使张良复韩的梦想彻底破灭。张良逃出彭城,躲过楚军的追查,终于回到刘邦身边。

十一、下邑奇谋

公元前205年春,常山王张耳等五个诸侯接连投靠刘邦，刘邦新增五六十万兵卒。同年四月，刘邦乘项羽集中力量攻打田荣之机，率兵伐楚，直接攻占楚都彭城。

项羽得到消息，立即率领三万精兵，从小路赶回，救援彭城。刘邦率领的乌合之众，被项羽打得落荒而逃。许多诸侯王又纷纷投降了项羽。刘邦丢下父亲、妻子和儿女，只带张良等几个人狼狈出逃。

刘邦逃到下邑，惊魂未定，心灰意冷。他沮丧地对群臣说："关中以东的地方我不要了，谁能打败项羽，我就把土地分给他。"

张良出主意说："九江王英布和楚国大将彭越都与项羽有矛盾，项羽也对他们不满，汉王手下大将军韩信也足智多谋。这三个人联合起来，就能对付项羽。"

于是，刘邦派能言善辩的名臣隋何去策反九江王英布，接着又派人联系彭越。同时，再委派韩信率兵北上，发展壮大汉军力量，包围楚军。果然，这三股力量很快成为对付项羽的主力军。

张良的谋划，在历史上称为"下邑之谋"。在张良的谋划下，一个内外联合共同抗击项羽的军事联盟终于形成了，扭转了楚汉战争的局势，使刘邦由战略防御转为战略进攻。

十二、画箸阻封

公元前204年冬，项羽军队在荥阳包围了刘邦军队，刘邦内外交困，非常着急，他询问手下对策。

郦食其说："过去商汤消灭夏桀，把他的后代封到杞（qǐ）国；周武王消灭殷纣王，把他的后代封到宋国。秦始皇没有道德，消灭诸侯，不封他们的子孙，让他们无立锥之地。你如果能把各诸侯国的后代，重新分封，诸侯国的君臣和百姓必定感谢你，都会追随你，愿意做你的臣下。项羽只能拜倒在你脚下了。"

刘邦听后，拍手称赞，派人迅速刻制诸侯各国的印玺，并让郦食其前去分封。

这时，张良外出归来，拜见刘邦。刘邦宴请张良，在酒席宴上，刘邦把郦食其的主张告诉了张良。

张良听完大吃一惊，问："这是谁给你出的计策？"

刘邦回答是郦食其的主张。

张良说："要坏大事了。"

刘邦惊慌失色问："为什么？"

张良拿起酒桌上的筷子，比划说："过去商汤和周武王消灭夏桀和殷纣之后，才分封他们的后代，那是因为已经完全取得了胜利，而且能控制住他们。今天，你还没有取胜，你能控制诸侯的后代吗？如果把土地都分封给诸侯的后代，那么将士谋臣各归其主，也就没有人再跟随你争夺天下。目前，楚军强大，诸侯软弱，诸侯必然屈服项羽，怎么能向着你呢？"

张良的分析，切中要害，使刘邦茅塞顿开，恍然大悟。他把吃在嘴里的饭吐出来，大骂郦食其："臭儒生，差一点坏了老子的大事！"

刘邦下令立即销毁已经刻制完成的六国印玺，从而避免了一次重大错误，为以后汉朝统一减少了不少麻烦和阻力。

张良的这次饭桌谈话，在历史上称为"画箸（zhù）阻封"，"箸"就是筷子，是说张良拿筷子比划着，为刘邦出谋划策。

十三、虚抚韩彭

刘邦被项羽围困在荥阳，韩信带兵一路北上，势如破竹，打了不少胜仗，平定了魏、代、赵、燕等地，接着又占领了齐国。这时候，韩信也野心膨胀，想自立为齐王。韩信派人禀告刘邦说："齐人狡诈多变，反复无常，南边又与楚地相邻，如果不设王，就难以震慑齐地。希望允许我为代理齐王。"

刘邦一听，不由得愤怒万分，破口大骂说："我被项羽包围在这里，日夜盼着韩信带兵来救我，想不到，他不但不来救我，还想背叛我，自立为王！"

这时，张良正坐在刘邦的旁边，他听了刘邦的话，赶快在桌下用脚踩刘邦的脚。刘邦迅速明白自己说错了，赶快改口说："大丈夫既然要做王，就做个真王，何必要做代理王呢?"

张良之所以劝阻刘邦,是因为,此时韩信远在齐国,而且兵马众多,一旦反叛投降项羽,刘邦就必败无疑了。他劝刘邦封韩信为王,就是为了稳住韩信,继续为刘邦出力。

刘邦派张良拿着印信去齐国,封韩信为齐王,并命令韩信的军队,尽快进攻项羽。

十四、乘胜追击

公元前203年,汉军已经非常强大,而楚军已经非常弱小了,汉军对楚军形成合围之势。项羽要求与刘邦讲和,双方暂时停战。项羽送回了被扣押的刘邦的父亲与妻子儿女。双方商定,以鸿沟为界,东归楚,西归汉,各不相犯。

项羽率军东归,刘邦也想带兵回关中。这时候,张良对刘邦说:"如今汉强楚弱,正是消灭项羽的好机会,应该一鼓作气,不可半途而废。否则放项羽东归,如放虎归山，必将后患无穷。"

刘邦采纳张良的意见，亲率大军追击项羽，并命令韩信、彭越合围项羽。

刘邦率大军追击楚军，却迟迟没有等来韩信、彭越的援兵，结果惨遭失败。

刘邦问张良："他们为什么没有如期前来？"

张良说："项羽即将失败，韩信、彭越虽然已经封为王，却没有明确的疆土。你若能与韩信、彭越共分天下，他们肯定会来。"

刘邦就按照张良的计策，封给韩信和彭越大片封地。两个月后，韩信和彭越果然带兵来了。

十五、运筹帷幄，决胜千里

汉军各路兵马陆续汇集，最后在垓下彻底包围了项羽。韩信先用"十面埋伏"之计兵围项羽，又用"四面楚歌"之计瓦解了敌兵士气，终于打败项羽，项羽自杀。长达四年之久的楚汉战争，以刘邦的彻底胜利而告终结。

公元前202年二月,刘邦正式登上皇帝宝座,建立了汉朝,史称汉高祖。五月,刘邦在洛阳南宫举行庆功大典,大宴群臣。刘邦在酒席宴上说:"运筹帷幄之中,决胜于千里之外,吾不如子房。"

这是刘邦对张良的评价,也表现出刘邦对张良的敬佩。运筹:是策划,计划的意思。帷幄是军队的营帐。千里之外指战场。在小小的军帐之内做出正确的部署,就能决定千里之外战场上的胜负。现在这个成语也简写为"运筹帷幄,决胜千里"。

十六、劝都长安

汉朝建立,国都应该定在哪里?众人各有主张,莫衷一是。

刘邦本想定都洛阳,得到许多大臣的支持。大臣娄敬主张定都关中,得到张良的支持。张良说:"洛阳周围的平原太小,方圆不过百里;田地贫瘠,而且容易四面受敌,不是用武治国之都;关中左有崤(xiáo)山与函谷关,右有秦岭屏障，土地肥美，沃野千里。加上南面有巴蜀丰富的物产，北有可放牧牛马的大草原。既有北、西、南三面的险要可以固守，又可向东方控制诸侯。诸侯安定，则黄河、渭水可以开通漕运，运输天下的粮食，供给首都所需。如果诸侯有变，就可顺流东下以运送粮草，足以维持出征队伍的补给（jǐ）。这正是所谓金城千里，天府之国啊！还是娄敬的主张正确。"

张良的分析全面而深刻，因而刘邦当即决定定都关中。

刘邦正式迁都长安，也就是今天陕西省西安市。

张良和娄敬建都长安的主张，为西汉的稳固与发展，起了重要作用。

十七、策保太子

汉朝建立后，天下初定，张良就以身体不好为由，极少参与谋划国家大事。后来，韩信、英布等人被刘邦和吕后铲除，张良就更加远离朝廷，一心在家养病。

公元前197年,刘邦想废除太子刘盈,改立自己喜爱的戚夫人所生的儿子刘如意为太子。大臣们强烈反对,但是,刘邦依然一意孤行。

眼看太子位子不保,太子生母吕后求救于张良。张良认为更换太子会影响国家稳定,才出面帮助吕后和太子刘盈。

张良,
选自(清)马骀绘《古今人物画谱》

张良对吕后说:"用语言是保不住太子的。我听说有四位德高望重的老人,居住在商山之中,人称为'商山四皓'。皇上曾经想请他们出山当官,但是,他们都拒绝了。太子如能请'商山四皓'出山,出入宫廷有他们相随,皇上必然会询问,他知道太子能请来'商山四皓',就会认为太子深得民心,地位稳固,就不会更换太子了。"

后来，刘盈设法请来"商山四皓"，刘邦见太子羽翼已丰，从此再也不提改立太子的事了。后来，刘邦去世，太子刘盈继位。

十八、历代推崇

张良在公元前189年去世，终年64岁。

张良以一个文人的身份，凭着超人的智慧，参与到反抗秦朝暴政的社会大动荡之中，建立了不朽的功勋。他足智多谋，远见卓识，为国家的再度统一和人民的安定，发挥了重要作用，从而成为历代文人崇拜的偶像。

韩 信

一、胯下之辱

韩信是西汉开国功臣，中国历史上杰出的军事家。他是战国时代楚国淮阴人。

韩信出身贫苦人家，他很小的时候，父亲就去世了，母亲把他养大，但是，等他十几岁的时候，母亲也去世了，韩信成了孤儿，他四处飘泊流浪。由于从小没有父母管教，韩信的性格放纵任性，不拘礼节。他没有土地田产，也没有经商赚钱的资本，所以常常吃不饱饭，在忍饥挨饿中长大。

韩信二十多岁的时候，已经长成一个身材高大、相貌堂堂的青年了，他喜欢读书、练剑，从书中学习了很多智慧，剑术也很高超。但是，他依然没有饭吃，四处找熟人或者朋友混饭吃。大家都认为他不务正业、游手好闲，所以都很讨厌他。

但是，韩信自己却自视甚高，总认为自己将来一定能成为天下有名的人物，而且富贵无比。他母亲去世，家里穷得买不起棺材，但是韩信却为母亲寻找地势高而且宽敞的坟地，并且说，将来这块坟地周围，要住得下一万户人家。乡亲们都背地里嘲笑韩信，认为他是一个吹牛大王。

当时，南昌亭长见韩信长得器宇不凡，很愿意和他交往，韩信就趁机到亭长家里混饭。混的时间长了，亭长的妻子心里很讨厌他，她就想了一个办法，一大早就把饭煮好，一家人在床上吃。开饭的时候，韩信去了，没有饭吃。韩信也看明白了她的意思，一气之下，再不去亭长家了。

韩信混不到饭，就到河边去钓鱼，有几位大娘在河边漂洗丝麻，其中一位大娘看见韩信饿得面黄肌瘦，就拿出自己带来的饭给韩信吃，韩信也不客气，端过来就吃，一连吃了几个月。有一天，韩信对那位大娘说："将来我一定要重重报答您老人家。"

大娘听了，生气地说："大丈夫在世，不能养活自己，我是看你可怜，才给你饭吃，谁指望你报答呀？"

淮阴城中有一个年轻的屠户，他看见韩信整日身背长剑、四处混饭，很看不起他。一天，屠户在路上拦住韩信，说："别看你长得高大，身背长剑，你其实就是一个窝囊废、胆小鬼。"

韩信镇定地望着屠户。

屠户得意地说："你如果有胆量，不怕死，就拿剑来杀了我。如果怕死，就从我的裤裆下钻过去。"

漂母饭信，
选自（清）马骀绘《古今人物画谱》

韩信看看屠户，觉得不值得和他较量，就什么也没有说，低下身子，从屠户的裤裆下爬过去了。周围看热闹的人都笑话韩信，也认为他是一个胆小如鼠的人。

二、背楚入汉

陈胜、吴广起义后，项梁和项羽也起兵造反。韩信认为自己施展才华的时机到了，他就投奔了项梁。

但是，他在项梁军中只做了一名普通的士兵，没有表现出什么才能。后来，项梁战败被杀，韩信又归属项羽，项羽让他做了执戟卫士。韩信很多次给项羽献上计策，项羽都不予理睬。

等到刘邦和项羽推翻了秦朝，刘邦被封为汉王，去汉中的时候，韩信又离开楚营，投奔了刘邦，当了负责接待客人的小官。

后来，韩信和一群人集体犯法，应该被判处死刑，一同犯法的十三个人已经被斩首，轮到韩信了，韩信突然看见大将夏侯婴，他就大喊着说："汉王不打算得天下吗？

为什么杀掉有才能的壮士?"

夏侯婴觉得这个人临死还话说很有气势,再看他相貌威武,就释放了他。夏侯婴把韩信带到军帐中,一交谈,发现他很有见识。于是,夏侯婴就给刘邦推荐韩信。但是,刘邦却认为韩信没有什么与众不同的地方,就只封了他一个管理粮饷的小官。

三、萧何月下追韩信

韩信管理粮草,就和专门管理粮草的丞相萧何接触比较多。萧何逐渐发现,韩信是一个很有智慧的人。

传说韩信发明了粮食管理推陈出新法,在存粮的时候,从前门进新生产的粮食,从后门出往年生产的陈旧粮食,这样永远循环,便于管理。

萧何很赏识韩信。

刘邦手下的将士,大多是东边楚国一带地方的人,他们在偏僻的汉中、巴蜀,很多人就思念家乡,纷纷逃跑了。韩信见刘邦不重用自己,很失望,也跟随别的将领逃走

萧何月下追韩信,清代年画

了。萧何听说了,来不及向刘邦报告,连夜跑出营帐去追韩信。士兵不知道情况,就向刘邦报告说:"丞相萧何逃跑了。"刘邦听了非常伤心,就像失去左右手一样。

过了两天,萧何回来了,刘邦一看见他就骂道:"别人因为得不到官位而逃跑,你是丞相,也跟着跑,这是为什么?"

萧何答道:"我不敢逃跑,我是追逃跑的人。"

刘邦问:"你去追谁?"

萧何回答说:"去追韩信。"

刘邦听了,更加气愤,又骂道:"军官跑了好几十个,你都没有追,为什么偏偏去追韩信?"

萧何说:"那些逃跑的军官是容易得到的,至于像韩信这样的人才,是普天下也找不出第二个来的。大王如果只想做汉中王,当然用不上他。如果要想争夺天下,除了韩信,就没有可以商量大事的人。"

刘邦说:"我当然打算争霸天下,重回东方去,哪里能老待在这个偏僻的地方呢?"

萧何说:"大王如果有决心打回去,就要重用韩信,他就会留下来。假如不能重用他,韩信迟早还是要跑掉的。"

刘邦说:"我看你的面子,让他做个将军吧。"

萧何说:"即使让他做将军,韩信也一定不肯留下来的。"

刘邦说:"那么,让他做大将?"

萧何说:"太好了。"

刘邦无奈,只好说:"那就把韩信叫来,我封他做大将。

萧何说:"大王一向傲慢无礼,任命一位大将,就像呼唤一个小孩子一样,谁还愿意相信你呢?大王如果诚心拜韩信做大将,就应该选个好日子,事先斋戒沐浴,搭拜将台,举办拜将仪式,那才行啊!"

刘邦答应了。

四、筑坛拜将

刘邦要拜大将的消息传出来,他手下的军官们个个暗自高兴,都以为自己会被任命为大将,等到举行拜将仪式的时候,登上拜将台的却是韩信,大家都大吃一惊。

韩信当上大将军之后,刘邦问韩信有什么定国安邦的良策。

韩信问:"大王和项羽争夺天下。大王自己估计一下,论将士的英勇、强悍、精良,同项羽比谁更厉害?"

刘邦想了一会儿说:"我自认为不如项羽"。

韩信起来作揖,赞同地说:"不仅大王,就连我也觉得你不如项王。但是我要给大王分析一下你和项王的优缺点。"

韩信接着说:"项王一声怒喝,千人会吓得胆颤腿软,可是他却不能放手任用贤将,这只能算做匹夫之勇。项王待人恭敬慈爱,语言温和,如果人有疾病,他会同情落泪,把自己的食品分给他们。可是等到部下有功应当封爵的时候,

登坛拜将,
选自(清)马驺绘《历代名将画谱》

他把官印的棱角都磨光了,也舍不得给人家,这是妇人之仁。项王虽然独霸天下,使诸侯称臣,可是却不愿意在关中建都,而建都在彭城,又违背义帝的约定,把自己的亲信和偏爱的人封为王,诸侯对此愤愤不平。诸侯见项王把

义帝驱逐到江南，也都回去驱逐他们原来的君王而自立为王。凡是项羽军队经过的地方，无不遭到屠杀蹂躏，所以天下人怨恨他，百姓只是在他的淫威下勉强屈服。名义上虽为天下的领袖，实质上已失去民心，所以他的强大会很快变成衰弱的！"

刘邦听韩信说得很有道理，就问："那我们该怎么办呢？"

韩信说："大王你如能反其道而行之，任用天下勇敢的人，何愁敌人不被消灭！把天下的土地分封给功臣，何愁他们不臣服！率领一心想打回老家去的英勇士兵，何愁敌人不被打败！况且三秦的封王章邯、董翳、司马欣本来是秦将，率领秦国弟子已有许多年，战死和逃亡的人不计其数，又欺骗他们的部下和将领投降了项羽，项羽用欺诈的手段活埋了二十万秦兵。唯独章邯、董翳、司马欣被封王加赏。秦人对这三人恨之入骨。大王到秦国秋毫不犯，废除秦朝的严刑峻法，与秦民约法三章，秦国百姓无不想拥戴您在关中为王。根据当初诸侯的约定，大王理当在关中称王,关中的百姓都知道。可大王却被封在汉中做王,秦地百姓无不怨恨项羽。如今大王起兵,进攻三秦,只要号令一声,就可以马到功成。"

刘邦听了韩信的话,非常高兴,很后悔任用韩信太晚了。从此对韩信言听计从。

五、明修栈道,暗度陈仓

公元前206年十一月,刘邦乘项羽进攻齐地田荣的机会,决定进攻关中。

韩信制订了"明修栈道,暗渡陈仓"的计策,一方面派樊哙、周勃率军大张声势,抢修栈道,吸引敌人的注意力。另一方面刘邦和韩信亲自率军队悄悄翻越秦岭,袭击陈仓。

章邯被汉军击败,汉军迅速占领关中,平定三秦,取得初战胜利。

六、计定魏地

公元前205年，刘邦率汉军出关，和新投靠的魏王魏豹等率领的五十多万军队，进攻项羽的都城彭城，汉军虽然占领彭城，却被项羽三万精兵打败。危急时刻，韩信将各路溃败军队重新整顿，与刘邦在荥阳会师，打败了项羽的追兵，汉军重振旗鼓，与项羽对峙。

这一年六月，魏豹借口回家探望母亲，回到魏地后，就公开背叛刘邦，投靠项羽，而且封锁了黄河关口，切断了汉军退路。

刘邦任命韩信为左丞相，率领军队进攻魏豹。

魏豹用重兵封锁黄河关口。韩信故意将战船都开到关口，假装要进攻。但是，却让主力部队从夏阳用小船渡过黄河，突然袭击魏国国都安邑。

魏豹大惊，急忙带兵回救安邑，在半路上遭到韩信伏击，魏豹被俘虏，刘邦撤销魏国封号，改为河东郡。

七、背水一战

刘邦派韩信和张耳率领几万名士卒进攻赵国,军队经过太行山里的井陉(xíng)山口。赵王赵歇与陈余率领二十万军队前来与汉军作战。

赵国谋士李左车对陈余说:"韩信率兵渡过黄河,攻占魏国,现在又和张耳一起带兵前来,想乘胜攻占赵国,他们的军队势不可挡。但是,他们远道而来,粮食运送必然困难,我请求派给我三万奇兵,从小路截断汉军运粮通道,再断绝汉军退路。你和赵王只需坚守不战。汉军前面没法开战,退又退不回去,汉军没有粮草,不出十天,必然大乱,到时候韩信和

萧何,选自《历代名臣像解》

张耳的人头，就可以挂在你的旗竿上了。希望你考虑采纳我的计谋。"

陈余是一个书生，认为正义的军队不能用奇谋诡计，他说："兵法上讲，十倍于敌人的兵力就包围他，一倍于敌人的兵力就与他交战。韩信虽然号称万人，其实不过几千人，又是千里迢迢来袭击我们，士兵早已疲惫不堪，我们却避而不战，如果有更强大的敌人前来，我们将如何对付？诸侯一定会认为我们胆小，会轻易地攻打我们。"

韩信，选自《历代名臣像解》

陈余不采纳李左车的建议，准备与韩信决战。

韩信带兵前来，在离井陉（xíng）三十里的地方驻扎下来。

当天夜里，韩信选二千名骑兵，每人发给一面红旗，命令说:"你们从小路到山坡上隐蔽起来,等我们和赵军交战,赵军一定会倾巢而出,你们就乘机迅速冲入赵军营地,拔掉赵国旗帜,插上我们的红旗。"

士兵们要出发了。韩信说:"今天打败赵军之后,大家一起会餐。"

将士们谁都不相信,只好假装答应,出发了。

第二天天亮,韩信派一万人为先头部队,背靠河水摆开阵势。

背靠河水列阵,是兵法上的大忌,因为没有退路,一旦失败,就会全军覆没。赵军见汉军摆出只能前进而无退路的绝阵,都大笑起来。

这时候,韩信和张耳打起大将军的旗帜,命令军乐队吹奏起音乐,敲着鼓向赵军进军。

赵军一看,汉军背水列阵,而且韩信的军队吹吹打打,毫无军威,于是就轻视韩信,赵军全部冲出来,韩信和张耳假装打败,丢掉旗帜,逃回到河边的军阵中。

赵军冲来,到处争夺汉军丢下的旗帜和锣鼓。韩信和张耳退入河边阵地，开始指挥士兵向赵军冲锋，汉军士兵知道没有退路，就个个拼死作战，逼得赵军节节败退。

这时，韩信派去的二千轻骑兵，立即冲入赵军军营，拔掉赵军旗帜，插上汉军的红旗。

赵军久战不胜，想退回军营，却见营中到处都是汉军红旗。赵军认为汉军已经把赵王俘虏了，于是阵势大乱，四散奔逃。

这时汉军两面夹击，打败赵军，活捉了赵歇，杀死了陈余。

韩信大获全胜。一个将军问韩信："你这样背水列阵，违反了兵书上说的'要右背山，左靠水'列阵的原则，但是却取得了胜利，这是什么战术？"

韩信说："这在兵法上叫做'置之死地而后生'。我们的军队，大部分没有经过严格的训练，我等于带着一群赶集的百姓去打仗，在这种情况下，不把将士们置之死地，使人人为保全自己而战，如果给他们留有活路，都跑了，怎么还能取胜呢？"

将军们听了，都非常佩服韩信的用兵战术。

八、潍河之战

公元前203年韩信带兵继续向东进攻齐国，攻下齐国许多城池，一直打到齐国国都临淄。齐王田广赶忙逃到高密，派人向项羽求救。

项羽闻讯，派大将龙且亲自率兵救援齐军，双方军队合在一起有二十多万人。龙且轻视韩信，率兵与韩信的军队隔着潍河驻扎，准备渡河与韩信决战。

韩信连夜派人做了一万多条布袋，装满沙土，投入潍（wéi）河上游，阻断河水。然后亲自率领一半军队渡河进攻龙且的军队。龙且带兵出战，韩信假装战败，逃回河对岸。龙且率军渡河追击。这时，韩信命令决开阻断河水的沙袋，河水奔流而下，龙且的军队被河水冲得四散而逃，韩信又带兵杀回来，龙且被杀。韩信率军渡河追击，齐王田广逃走不久被杀。公元前203年，齐地全部平定。

九、被封齐王

韩信一连灭了魏、赵、燕、齐四国,这时候,他觉得自己功劳很大,应该出任齐王。于是,韩信给刘邦写信说:"齐国狡诈多变,是个反复无常的国家,南边又与楚国相邻,如果设立一个代理齐王来管理,局势将会安定下来。我希望做代理齐王。"

这时,项羽正把刘邦围困在荥阳,情势十分危急。刘邦看了韩信的书信,十分恼怒,大骂韩信不到荥阳救自己,竟想自立为王。

张良暗中踩刘邦的脚,凑近他的耳朵说:"目前我军处境不利,如果不让韩信称王,他就会投靠项羽,我们就大祸临头了,不如立他为王,好好善待他,使他自守一方,否则可能发生变乱。"

刘邦马上改口骂道:"大丈夫平定了诸侯,要做王就做真王,何必做个暂时代理的王呢?"

于是,刘邦派张良前去立韩信为齐王,征调他的部队攻打楚军。

不久，项羽派人劝说韩信与自己联合，对付刘邦，三分天下。韩信说："我跟随项王多年，不过当个守卫的士兵。我的话没人听，我的计谋没人用，所以才投靠了汉王。汉王拜我为上将军，让我领几万大军，对我言听计从，所以我才有今天的成就。汉王如此亲近、信任我，背叛他我不会有好结果的。我至死不叛汉，请替我辞谢项王的美意。"

十、四面楚歌

公元前202年，刘邦追击项羽军队，并约韩信、彭越率军南下包围项羽。

十二月，韩信从齐地南下，占领楚都彭城，接着与刘邦、英布等人的军队，把项羽的军队包围在垓下。楚军被汉军重重包围，没有粮草，饥寒交迫。

韩信命令汉军士兵夜里唱起楚地歌曲，歌词唱道："人心都向楚，天下已属刘；韩信屯垓下，要斩霸王头"。

楚军士兵听到歌声,都开始思念家乡,军心瓦解,许多士兵趁着夜晚逃走了。

韩信乘势进攻,楚军大败,十万军队被全歼,项羽逃至乌江自刎而死。

战争结束,刘邦带人来到韩信军营,收夺了韩信的兵权,改封韩信为楚王。

十一、回馈故人

韩信回到楚国,找到当年给他饭吃的老妈妈,回赠给她千金。又回赠南昌亭长一百钱,并且骂他说:"你是个小人,做好事有始无终。"

韩信又召见曾经侮辱他,让他受胯下之辱的屠户,封他为中尉,并且说:"这是位壮士,当他侮辱我时,我难道不能杀了他吗?杀了他也没有什么好处,所以就忍了下来,这才有了今天的成就。"

十二、谋反被杀

公元前201年,韩信被贬为淮阴侯。韩信知道刘邦畏惧自己的才能,所以常常装病不出家门。但是,韩信觉得自己才能非凡,战功卓著,就看不起和他一起征战的将领,他对周勃、灌婴、樊哙这些名将都不当回事,所以得罪了许多人。

一次,韩信去樊哙家中,樊哙行跪拜礼迎接,并说:"大王肯光临臣下家,真是臣下的荣耀。"

但是,韩信出门后,却笑着说:"我这辈子居然同樊哙这样的人平起平坐,真是耻辱!"

大将陈豨(xī)被任命为钜(jù)鹿郡守,前来向

周勃,选自《历代名臣像解》

韩信辞行。韩信就约陈豨一起谋反。

公元前197年,陈豨果然反叛。刘邦亲自率领兵马镇压,韩信假装有病没有跟随前往,他暗中派人对陈豨说:"你只管起兵造反,我在这里协助你。"

韩信就和家臣商量,夜里假传诏书赦免罪犯和奴隶,打算让他们去袭击吕后和太子。部署完毕,韩信等待着陈豨的消息。他的一位家臣得罪了韩信,韩信把他囚禁起来,打算杀掉,家臣的弟弟向吕后告发了韩信准备反叛的阴谋。

吕后就和萧何谋划,把韩信骗到宫中,然后杀掉了,还诛杀了韩信的三族亲属。

十三、一代名将

韩信是中国历史上著名的军事家,有一次,刘邦和韩信谈话,刘邦问韩信:"你能带多少兵?"韩信回答说:"多多益善。"就是说韩信善于率领军队作战,军队越多越好。刘邦还说:"连百万之军,战必胜,攻必取,吾不如韩信"。意思是说,"率领百万军队,作战就能取胜,进攻就能占领,我不如韩信"。

韩信在平定天下,建立汉朝的过程中立下了不朽的功绩,但是他为人骄傲自负,参于谋反,最后落得悲惨的下场。

汉武帝刘彻

一、秦皇汉武

孩子们,在中国历史上,自从秦始皇把国家的最高统治者称为皇帝,在此后的两千多年岁月里,大概有四百多个人登上过皇帝的位子,或者自称为皇帝。他们中大部分都是对历史进程影响比较小的。但是,有几位皇帝,却做出了惊天动地的大事业。他们中最有名的,被称为"秦皇、汉武、唐宗、宋祖"。"秦皇"指的是秦始皇赵政,"汉武"指的是汉武帝刘彻,"唐宗"指的是唐太宗李世民,"宋祖"指的是宋太祖赵匡胤(yìn)。

我们今天讲的是汉武帝刘彻的故事。

二、金屋藏娇

汉武帝刘彻是汉景帝刘启的儿子,他的妈妈名叫王娡(zhì)。

根据后来的传奇小说《武帝故事》记述,刘彻的乳名叫彘(zhì),彘就是猪,皇帝把儿子的名字叫做猪,也是很有意思的。

小说记载,刘彘小时候聪颖过人,他读书领悟很快,行动有礼有节,汉景帝刘启非常喜欢他。

刘彘三岁的时候,有一天,汉景帝把他抱在膝盖上,问他说:"你看,做皇帝有权有势,可以呼风唤雨,想要什么就会有什么,你喜欢当皇帝吗?"

刘彘眨巴着眼睛说:"当不当皇帝,是上天决定的,不能由儿子自己来决定。儿子只愿每天陪在爸爸身边玩耍。"当时的人都很相信天命,所以刘彘说当皇帝是上天决定的,他说愿意天天陪着父亲,汉景帝觉得他很有孝心,于是,汉景帝就更加喜欢刘彘。

刘彘还特别爱读书，而且有惊人的记忆力。他对古人留下的书籍都喜欢阅读，到七岁的时候，已经非常有智慧。于是，汉景帝就把他的名字改为刘彻。"彻"字表示智慧通达。

刘彻有一个姑妈叫刘嫖（piāo），因为是汉景帝的母亲窦太后亲生的，很得窦太后的宠爱，汉景帝也很敬爱她。刘嫖被封到馆陶县，所以人们都把她称为馆陶公主。

馆陶公主在窦太后和汉景帝跟前说话很有分量。有一天，馆陶公主抱着刘彻问："彘儿，你长大要娶媳妇吗？"

刘彻回答："要啊。"

馆陶公主指着自己身边许多侍女让刘彻挑选，但是刘彻都看不上。

最后，馆陶公主指着自己的女儿陈阿娇问："那阿娇好不好啊？"

刘彻笑着回答说："好啊！如果能娶阿娇姐姐做妻子，我就造一个金屋子给她住。"

馆陶公主听了非常高兴。

刘彻的这句话,后来成了一个成语"金屋藏娇"。

刘彻不是汉景帝的长子,汉景帝的长子叫刘荣,被封为太子,刘彻起初被封为胶东王。

馆陶公主认为太子刘荣将来会继承皇位,她想把自己的女儿陈阿娇许配给太子,但是,刘荣的母亲栗贵妃却拒绝了。馆陶公主为此记恨栗贵妃和刘荣。后来,她不断在弟弟汉景帝跟前说栗贵妃和刘荣的坏话。汉景帝就把太子刘荣废了,改立刘彻为太子。

汉武帝,选自(明)王圻《三才图会》

公元前141年正月,汉景帝刘启逝世。14岁的太子刘彻即皇帝位,当上了皇帝。

刘彻小时候叫刘彘以及"金屋藏娇"的故事,都是传奇小说《武帝故事》中讲述的，它是不是虚构的？可不可信？都无法知道。

三、加强皇权

汉武帝当上皇帝的时候，汉朝已经建立六十多年了。

汉朝刚建立的时候，由于经过常年的战争，国家非常贫穷，皇帝想找几匹颜色相同的马都找不到，大臣只能坐牛车，老百姓更是吃了上顿没下顿。所以，汉朝开始的几位皇帝和皇后都推崇"黄老学说"，黄老学说是道家学说中的黄老派，主张皇帝要"清静无为"，也就是尽量不要干扰人民的生活，让人民恢复生产，而且国家对人民征收很少的税收，让人民休养生息。

"清静无为"的思想，让汉朝的农业、手工业生产很快恢复起来，国家的财富也增加不少。

但是，由于皇帝"清静无为"，各地被分封的诸侯王势力越来越大，有的诸侯国的实力超过了中央政府。在汉景帝时代，甚至爆发了诸侯国造反的"七国之乱"。虽然汉景帝打败了造反的诸侯国,平定了叛乱,但是,诸侯国的势力依然很强大。

汉武帝当上皇帝之后,就想削弱诸侯王的势力,加强汉朝中央的权利。

他采用大臣主父偃(yǎn)提出的"推恩令",让各个诸侯王把自己的封地,必须再封给自己的子孙,这样就让诸侯国变得越来越小,没有实力来对抗中央。

同时,汉武帝还把冶铁、煮盐、酿酒等民间重要生意,收回国家直接管理,使国家收入不断增加。

四、独尊儒术

汉武帝为了在思想上改变汉朝前期的主导思想,把尊崇"黄老思想",改为"罢黜百家,独尊儒术"。

"罢黜(chù)百家,独尊儒术"是儒家学者董仲舒提出来的主张,他要求国家把诸子百家的主张都消除掉,单独尊崇儒家思想。

汉武帝在国都长安创立了专门的儒学教育机构——

太学，组织专家学者专门给孩子们教授儒家思想，太学是当时的最高学府。

汉武帝虽然主张以儒家仁爱思想治国，但是，又颁布了许多法令，来惩治犯罪，特别是惩治对皇帝不忠诚的官员。因此，汉武帝的统治，表面上看来是独尊儒家，实际上外表是儒家，本质上是法家的"外儒内法"思想。他对广大人民宣扬儒家仁爱思想，而对政府内部又施以严酷的刑法来约束大臣。

董仲舒，选自《历代名臣像解》

"罢黜百家，独尊儒术"，让汉朝统治思想逐渐统一，有利于国家实行和贯彻统一的思想。但是，却让许多有意义的思想得不到发展，扼杀了文化。

五、征伐四方

汉朝建立的时候，国家贫困，兵力不足，北方的匈奴趁机不断南下进攻，抢夺财富和人民，汉高祖刘邦曾亲自领兵北上抵抗匈奴，但是却被匈奴军队包围，差一点全军覆没。

后来，汉朝为了保持国家安宁，对匈奴采取"和亲政策"，就是将汉朝的公主嫁给匈奴王，并且给匈奴贡献大量财物，来换取和平。

汉朝经过六十多年的恢复，国家的力量已经逐渐强大起来，于是，汉武帝准备武力对抗匈奴，解除匈奴对汉朝的威胁。

为了集中精力对抗北方的匈奴，汉武帝首先派军队平定南方闽（mǐn）越国的动乱。随后，派名将卫青、霍去病三次大规模进攻匈奴，收回河套地区，夺取河西走廊，使汉朝边境从长城沿线，扩大到大漠以北。

匈奴王逃到漠北，就基本解决了自西汉初期以来匈奴对中原的威胁。

六、收服西域

为了孤立匈奴，刘彻还通过外交手段，让西域各国臣服汉朝。西域是指玉门关、阳关以西的许多国家和地区。汉武帝派张骞出使西域，并且对西域各国采取和亲政策，加强和西域各国的商贸往来，开辟了历史上著名的丝绸之路，为后来把西域并入中国版图奠定了基础。

七、巫蛊之变

汉武帝14岁登上皇帝之位，经过五十多年的努力，使汉朝国力强大、疆域广阔，国家空前繁荣。

但是，汉武帝老年之后，性格多疑，特别崇拜鬼神，他曾四处求仙访道，让许多方士和江湖骗子有了可乘之机。到公元前92年，终于酿成历史上著名的悲剧"巫蛊（gǔ）之变"。

巫蛊是古代的一种巫术。古人相信通过诅咒敌人，或者对一个象征敌人的偶人进行加害，就能伤害敌人。

汉武帝和当时的大部分人都认为，巫蛊是伤害别人的有效方法，所以他对利用巫蛊伤害自己的做法非常痛恨。

后来，汉武帝因为怀疑有人对自己实行巫蛊之术，谋害自己，杀死了丞相公孙贺父子，株连到自己的女儿阳石公主和诸邑公主。太子刘据在被冤无法辩解的情况下，起兵自卫，后来也被杀死，皇后卫子夫上吊自杀。从而导致了历史上著名的"巫蛊之变"。在"巫蛊之变"中，有大量皇亲国戚被杀，几万百姓和士兵丧命。这一切给汉武帝晚年带来沉重心理打击。

八、轮台罪己诏

"巫蛊之变"后，汉武帝逐渐对自己晚年迷信神仙方术感到非常后悔，也对自己多少年来不断派兵征战，造成劳民伤财的后果感到自责，他下诏悔过自己的过失，责备自己的罪行，这就是历史上有名的《轮台罪己诏》。

公元前89年，有大臣上奏折要求汉武帝派军队到轮台开垦荒地，汉武帝在答复的诏书中反省（xǐng）自己的罪过，说"我自从当上皇帝之后，一直做事不按常理，行为比较激进，使天下人民遭受生命和财产损失，今天想来追悔莫及，我感到非常后悔"。这份诏书，是中国历史上第一份帝王罪己诏。

霍光，选自《历代名臣像解》

九、托孤霍光

公元前88年，汉武帝叫画工画了一张"周公背成王朝诸侯图"送给霍光，让霍光像周公辅佐周成王姬诵那样，辅佐他的小儿子刘弗陵作皇帝。

第二年二月，汉武帝立刘弗陵为太子，四天后汉武帝去世，享年七十岁。

汉武帝刘彻一直是历史上比较受到人们推崇的皇帝，他雄才大略，重整汉室，加强集权，征讨匈奴，扩大疆域，使汉朝成为中国历史上最辉煌的朝代之一。所以，我们中原人才称为汉人，我们的民族才称为汉族。而且这种称呼一直沿用到今天。汉武帝晚年虽然迷信鬼神，造成"巫蛊之变"的惨案，但是，也不能掩盖他一生的辉煌功绩。

匈奴与卫青、霍去病

一、匈奴崛起

我们今天讲的是西汉时期两位抗击匈奴的大英雄、大军事家的故事，他们一个叫做卫青，另一个叫做霍去病。

匈奴是居住在北方大漠草原上的游牧民族。最早的时候，草原上有许多游牧部落，他们放牧牛羊，哪里水草生长旺盛，他们就迁徙（xǐ）到哪里。

匈奴民族是从哪里来的？这一直是一个谜，《史记》的作者司马迁认为，匈奴是夏朝王族的后代，商汤灭夏后，夏桀的儿子淳维带着父亲的妻妾，逃到北方，他们的

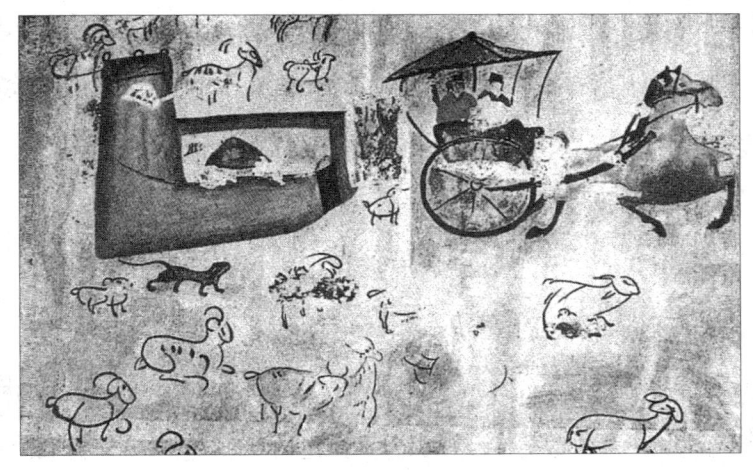

西汉时期匈奴牧羊图，汉墓壁画

后代，发展成匈奴民族。因为夏朝是黄帝的子孙建立的，所以，匈奴也是黄帝后代的一支，属于炎黄子孙。

但是，也有许多人认为，匈奴和中原人长相有区别，语言完全不同，他们不可能是黄帝的后代。

两千二百多年前，匈奴挛（luán）鞮（dī）氏部落有一个叫做头曼的人，把许多分散的匈奴部落统一起来，建立起匈奴帝国，自称为单（chán）于，意思是统治广大地区的王。挛鞮头曼单于组建起强大的军队，在草原上称霸一方。他们经常侵略周围别的国家，抢夺财物和人民。甚至南下进攻中原。但是,由于当时的秦朝也很强大,秦始皇派自己的儿子扶苏公子和蒙恬大将军率领军队,修筑长城,抵抗匈奴的进攻,并把匈奴赶到很远的地方。

二、鸣镝弑父

头曼单于的大儿子,叫做挛鞮冒顿(mò dú),他本来被立为太子,将来可以继承单于之位,但是,挛鞮冒顿不是头曼单于的阏氏(yān zhī)所生的。匈奴王后称为"阏氏"

头曼单于的阏氏,后来生下一个儿子,头曼单于想让这个儿子继承单于之位。他想,如果废黜了冒顿的太子之位,冒顿有可能造反,如果不废黜,就没有办法让自己喜爱的小儿子继位。于是,头曼单于想了一个借刀杀人的计策,他派冒顿到月氏(ròu zhī)国去当人质。

冒顿刚到月氏国,头曼单于马上发兵攻打月氏国,希望月氏国杀掉冒顿。但是冒顿却偷了月氏国的马,骑着它逃回匈奴。头曼单于见冒顿逃了回来,认为有神灵护佑他,就没有再杀害冒顿,而让他统帅一万人的骑兵部队。

冒顿知道父亲要害死自己,他就想着报仇,杀死头曼单于。但是,头曼单于身边总有许多勇士保护着,冒顿没法下手。冒顿就想出一个计策,他把一个哨子绑在弓箭上,箭射出去之后,那哨子就会被风吹得响起来,称作"鸣镝(dí)"。"鸣"是叫的意思,"镝"是箭头的意思。

冒顿训练他的部队,下令说:"凡是我的鸣镝所射的目标,你们都必须一起射击,如果谁不跟着我射,就斩首。"

冒顿首先把鸣镝射向鸟兽,有人不射,冒顿就把他们杀了。他再射鸟兽,大家都跟着他一起射。冒顿用鸣镝射向自己的马,有人不敢射,冒顿又把他们杀了。他再射自己的马,大家都一起跟着射。

过了些日子,冒顿突然用鸣镝射向自己的妻子,手下的士兵感到恐惧,不敢射,冒顿又把他们杀了,冒顿说:"不论我射什么,大家都必须一起射,否则斩首。"

一天,冒顿跟随头曼单于去打猎,他用鸣镝射头曼单于的马,他手下的人都跟着射。冒顿突然把鸣镝射向头曼单于,他左右的人也都跟着把箭射向头曼单于,头曼单于当场被射死了。

冒顿又把头曼单于的阏氏和自己的弟弟杀死,自立为单于。

凶残而又有计谋的冒顿当上单于之后,带领军队,向东打败了东胡,向南攻占了楼烦,向西驱逐了月氏。这时候,秦朝镇守北方的蒙恬和扶苏已经被赵高和秦二世害死了,各地发生了农民起义,没有人顾得上对抗匈奴,冒顿就趁机收复了被秦朝夺取的领地,并占领了秦朝北部的一大片土地。经过一系列的大征战,北方各族无不臣服匈奴,匈奴成为一个强大的国家,雄踞大漠南北,直接威胁中原。

三、白登之围

公元前201年,匈奴大规模南下,攻打太原,直到晋阳城下。杀死许多汉族人民,抢夺了大量财物和人民。

这时候，刘邦已经战败项羽，建立了汉朝。

公元前200年，刘邦亲自率领三十多万大军，迎战匈奴。当时中原刚刚经过几年战争，经济非常困难，部队装备很差，战马缺少，士兵大多是步兵。粮食供给也很困难。再加上此时天降大雪，气候十分寒冷，许多将士冻掉了手指头。冒顿单于假装失败逃跑，引诱汉军。刘邦率领先头部队，追赶匈奴军队，向北追击到白登山，被匈奴四十万骑兵包围。最后，谋士陈平给刘邦出主意，派人给冒顿单于的阏氏赠送了大量礼物，冒顿才让汉军退了出来。

刘邦觉得匈奴单于都很听阏氏的话，此后，他就开始对匈奴采用"和亲"政策，就是把汉朝的公主嫁给匈奴单于，再送给匈奴许多财物，希望能换取和平，双方再不发生战争。但是，匈奴更加蔑视汉朝，不断派军队进攻，抢夺财物，杀害人民。

冒顿去世后，他的儿子挛鞮稽（jī）粥（yù）当了单于，称做老上单于。老上单于继续不断侵扰汉朝疆土。在汉文帝时期，竟然攻到汉朝的国都长安附近，汉文帝急忙组织各路兵力抵抗，匈奴大军才撤离了长安。

老上单于死后，他的儿子军臣单于即位，继续起兵南下，掠夺了大量人口、财富。汉景帝时期，军臣单于联合汉朝的七个诸侯国，准备一起进攻长安，但因为"七国之乱"很快被平息了，汉景帝又把自己的女儿南宫公主嫁给军臣单于，军臣单于才放弃了进攻的计划。

在汉朝初期的五六十年里，始终面临着匈奴的威胁，国家受屈辱，人民遭屠杀，所以，汉武帝刘彻继位之后，就一心思考着怎样对付强大而凶残的匈奴帝国。他大胆启用年轻的卫青为将军，拉开了反击匈奴的序幕。

四、从奴隶到将军

卫青出身奴隶，他的母亲是平阳侯曹时家里的女奴，卫青的母亲和平阳县的一个小官吏郑季私下交往，生下卫青。

因为卫青是个私生子，平阳侯家不愿意收留他，妈妈就把卫青送到他的父亲郑季家里。但是，郑季却不喜欢这个儿子，就让卫青放羊放牛，郑季的其他几个儿子也不把卫青当兄弟看，把他当成奴仆畜生一样对待，经常虐待打骂。

卫青渐渐长大了，他无法忍受家里的欺辱，就逃回到母亲身边，他也不愿意再跟随父亲姓郑，而改成母亲前夫的姓，改名卫青。

卫青十八岁的时候，已经长得高大英武，他给平阳侯曹时的妻子平阳公主当骑奴，骑奴就是平阳公主的私人警卫。

那时候，有一个人看了卫青说："你长得高大英俊，应该是贵人之相，将来可以封侯。"

卫青苦笑着说："我是

卫青，选自《历代名臣像解》

女奴的儿子,只要不遭到鞭打叱骂,已经很不错了,哪里有什么富贵呀?"

有一年,汉武帝刘彻来看望自己的姐姐平阳公主,平阳公主让自己的歌女给刘彻演唱歌舞,卫青的三姐卫子夫很善于唱歌跳舞,就被刘彻看中了。卫子夫被带入皇宫,三年后生下皇子刘据。

皇后陈阿娇很嫉妒卫子夫,皇后的母亲馆陶公主就把卫子夫的弟弟卫青抓起来,想杀掉他,发泄对卫子夫的怨恨。

卫青的好朋友公孙敖听到消息后,就带人赶去救下卫青。汉武帝得知此事,大为愤怒,立刻给卫青封了官,而且经常把卫青带在身边。

公元前129年,匈奴大军再一次南下,汉武帝任命卫青为车骑(jì)将军,率领一万骑兵,迎击匈奴,他同时派出三路大军,一起出击。

卫青第一次出战,他果敢冷静,深入到匈奴祭祀上天的圣地龙城,打败了匈奴守军,抓获敌人七百多人,取得了胜利。但是另外三路大军,其中两路失败了,一路没有找到敌军无功而返。汉武帝看到只有卫青凯旋归来,就封卫青为关内侯。

龙城之战是汉朝建国以来,第一次打败匈奴,取得了胜利,打破了匈奴不可战胜的神话,真是大快人心。

五、夺回河套

公元前128年秋天,汉武帝再次命令卫青率领三万骑兵,从雁门关出发,进攻匈奴,卫青率领军队,斩杀匈奴数千人,再次取得胜利。

公元前127年,卫青率大军进攻匈奴盘踞的黄河河套地区,采用"迂回侧击"的战术,向西绕到匈奴军的后方,迅速攻占高阙城。然后,卫青又率领骑兵,飞兵南下,占领陇西,形成了对匈奴白羊王、楼烦王的包围。汉军活捉敌兵数千人,夺取牲畜数百万,控制了河套地区。

汉武帝下令,在河套地区修筑朔方城,设朔方郡、五原郡,从内地迁徙十万人定居,还修复了秦时蒙恬所筑的边塞和防御工事。解除了匈奴军队对长安的直接威胁，也建立起了进一步反击匈奴的前方基地。

六、击垮右贤王

匈奴单于见汉军夺取了河套地区，非常愤怒，决心要报仇雪恨。公元前126年夏，匈奴右贤王率领数万骑兵进攻汉朝的代郡，杀了代郡太守，抓走几千百姓。第二年秋，攻入代郡、定襄、上郡，杀死无数百姓。

公元前124年春，汉武帝命令卫青率领三万骑兵，从高阙出兵，同时派将军苏建、李沮（jǔ）、公孙贺、李蔡等人跟随卫青一起出征，攻打匈奴。

匈奴右贤王以为汉朝军队不能到达，便喝起酒来。晚上，汉军突然来到，包围了右贤王。右贤王大惊，连夜逃跑了。汉军俘虏右贤王的小王十多人，抓获俘虏一万五千人，夺取牛羊马匹千百万头。

七、少年将军

公元前123年春,卫青为大将军领十万骑兵出击匈奴。在这次战役中,卫青的外甥霍去病一战成名,成为万人瞩目的少年英雄。

霍去病是卫青的二姐卫少儿的儿子。卫少儿在平阳侯家当侍女,和平阳县小官吏霍仲孺私下往来,生下霍去病。后来,霍仲孺回乡,从此断绝了联系。

霍去病从小喜欢骑马射箭,而且剑术高超,勇敢无比,汉武帝很喜欢他。

当汉武帝决定调派大

渡河受敌(霍去病),
选自(清)马骀绘《历代名将画谱》

军进攻匈奴的时候,他任命17岁的霍去病为骠姚校尉,跟随舅舅大将军卫青一起出征。

霍去病率领八百骑兵勇士,一路向前进攻,杀死两千多匈奴士兵,杀死匈奴许多高级官员,同时,也斩杀了伊(yī)稚(zhì)斜(chá)单于的祖父,俘虏了伊稚斜的叔父,成为勇冠全军的人物,被汉武帝封为冠军侯。

这一仗,卫青大军一举击溃匈奴左贤王军队,匈奴只好朝大沙漠以北逃窜。

公元前121年,汉武帝任命19岁的霍去病为骠(piào)骑将军,两次率兵出击,攻占了今天甘肃河西走廊和青海湟水流域,歼敌四万多人。俘虏匈奴王五人及王母、伊稚斜单于的阏氏、王子、相国、将军等一百二十多人。

这一年秋,匈奴昆(hún)邪(yé)王(wáng)和休屠王带领属下四万多人投降汉朝,霍去病奉命率领军队迎接。但是,匈奴休屠王却半道变化,想杀死霍去病,逃回草原,危急关头,霍去病主动出击,逼迫昆邪王杀死休屠王,使昆邪王顺利来到汉朝疆域。

汉朝控制了河西地区，打通了通往西域的道路。匈奴人悲哀的唱到："失我祁连山，使我六畜不蕃息；失我焉支山，使我嫁妇无颜色。"

歌词的意思是说："失去了我们水草丰美的祁连山，我们的牲畜再没有地方繁衍后代；失去了出产胭脂草的焉支山，使我们出嫁的女人没办法再描眉涂唇，失去了光彩。"

焉支山又叫胭脂山，山中生长一种花草，它的汁液很像胭脂，匈奴妇女用来描眉涂唇。

八、封狼居胥

公元前119年春，汉武帝命卫青和22岁的霍去病各率骑兵五万和步兵十万人，分别从定襄和代郡出发，深入到大漠以北，主动寻找匈奴主力部队，进行会战，彻底歼灭匈奴。

霍去病率领军队，冒着大雪和严寒，越过大沙漠，向北行军两千多里，翻过离侯山，渡过弓闾河，逼近匈奴左贤王率领的部队。

匈奴左贤王率领十几万人，与霍去病作战，霍去病一马当先，冲锋在前，汉军将士以一当十，一次冲锋就打垮了左贤王的军队，杀敌七万多人。俘虏了几十个匈奴王爷和将军，匈奴残兵败将向北逃跑。

霍去病乘胜追杀，占领了狼居胥山。为了庆祝汉军取得的胜利，也为了向天神告知汉军的英勇，霍去病在狼居胥山举行了祭祀上天的封禅大典，还在姑衍山举行了祭祀大地的封禅大典。霍去病在狼居胥山封禅的壮举，后来成为中华民族武将的最高荣誉之一。

霍去病取得胜利之后，继续领兵北上，一直攻打到今天俄罗斯境内的贝加尔湖岸。匈奴残兵已经逃得无踪无影了。

与此同时，卫青率领另一路大军，向北出击一千多里，与匈奴伊稚斜单于率领的主力部队相遇。

卫青命令前将军李广和右将军赵食（yì）其（jī）两军合并，从右翼包抄敌人。他亲自率领左将军公孙贺、后将军曹襄从正面攻击伊稚斜单于的主力部队。

卫青下令，把战车的车轮卸下来，用战车前后相连，组成环形营垒，又命令五千骑兵，在战阵前纵马奔驰，抵挡匈奴。

匈奴一万多骑兵奔驰而来。这时，天近傍晚，夕阳西下，突然刮起龙卷风，沙漠上顿时飞沙走石，天地一片昏暗。沙石打在人的脸上，疼痛无比。汉军和匈奴士兵都无法看见对方，双方军队在混乱中凭着声音辨别自己人和敌人，在战场上厮杀。

这时候，卫青命令一队汉军，迅速包围伊稚斜单于。汉军不断冲向伊稚斜单于，伊稚斜单于看到汉朝军队越来越多，而且战士都很英勇，赶快乘坐着六头骡子拉的车子，同几百名骑兵卫士，冲出汉军包围圈，向西北逃跑而去。

在战场上，汉军和匈奴军队相互扭打，死伤无数。汉军越战越勇，匈奴兵士听说单于逃跑了，也四散奔逃。

卫青赶快派出轻骑兵连夜追击伊稚斜单于，大军也跟随其后追击。

天快亮的时候，汉军已追击二百多里路程，未追到伊稚斜，汉军在追击中俘获和斩杀敌兵一万九千多人，缴获匈奴积存的大量粮食。

卫青下令，带够足够的粮食，把剩余的粮食全部烧掉，汉军在大漠中无法找见伊稚斜单于，卫青只能下令撤军。这时候，负责包抄的李广和赵食其率领的部队才赶来了。

漠北之战击溃了匈奴的主力部队，匈奴不得不向西北逃跑，在此后的十几年里，匈奴再也不敢南下进攻汉朝了。

九、匈奴不灭，何以为家

卫青和霍去病在抗击匈奴的战役中立下赫赫战功，为保卫汉朝边疆做出了不朽的贡献，成为中华民族的大英雄。

卫青被汉武帝刘彻加封为大司马、万户侯。

汉武帝赏赐给霍去病良田美宅，霍去病不愿意接受，他说："匈奴未灭，何以为家？"

公元前117年，霍去病因病去世，年仅24岁。汉武帝很悲伤，他命令上万名铁甲军战士，来为霍去病送葬，铁甲军战士列成战阵，护送霍去病的灵柩安葬在他的坟墓之中。汉武帝下令把霍去病的坟墓修成祁连山的样子，来纪念霍去病打败匈奴的伟大功绩。

公元前106年，卫青病逝，汉武帝下令把他的坟墓修建成阴山的形状，是为了让后人永远记住这位保家卫国的伟大将军。

卫青开启了汉对匈奴战争的反败为胜的新篇章，七战七捷，无一败绩，为历代兵家所敬仰。